Hernandes I

De pastor a pastor

principios para ser un pastor
según el corazón de Dios

editorial clie

EDITORIAL CLIE
C/ Ferrocarril, 8
08232 VILADECAVALLS
(Barcelona) ESPAÑA
E-mail: libros@clie.es
http://www.clie.es

DE PASTOR A PASTOR. Principios para ser un pastor según el corazón de Dios.
ISBN: 978-84-8267-854-2
Depósito Legal.: B. 17681-2013
MINISTERIOS CRISTIANOS
Recursos Pastorales
Referencia: 224813

Dedicatoria

Dedico este libro a los presbíteros de la Primera Iglesia Presbiteriana de Vitória, ES, Brasil, hombres de Dios, que han sido mis pastores y han cuidado de mi y de mi familia con sabiduría y gracia, dándonos soporte y apoyo integral en el ministerio.

Contenido

Prefacio

Este libro es un grito de mi alma y el sollozo de mi corazón. Fue escrito con dolor e inclusive, a veces, con lágrimas. Por otro lado, lo escribí con un sentimiento de profunda alegría y gratitud.

Estoy convencido de que ser pastor es un privilegio bendito y una gran responsabilidad. Ser embajador de Dios y ministro de la reconciliación es la misión más noble, más sublime y más urgente que un hombre puede ejercer en la tierra. Ser portador de buenas nuevas, predicador del evangelio, consolador de los afligidos, edificador de los santos y pastor de almas es el puesto de más honra que el hombre puede ocupar su vida. Ninguna ventaja financiera debería desviarnos de esa tarea. Ninguna posición política, por más estratégica, debería encantarnos al punto de desviarnos del ministerio de la Palabra. Charles Spurgeon decía a sus alumnos: "Hijos míos, si la reina de Inglaterra os invita para que seáis embajadores en cualquier país del mundo, no os rebajéis de puesto, dejando de ser embajadores del Rey de reyes y del Señor de señores".

Estoy convencido de que la necesidad más grande que tenemos en la iglesia contemporánea es de un gran despertamiento espiritual en la vida de los pastores. Si los pastores no tienen palos secos para quemar, hasta la leña verde se encenderá. Estoy de acuerdo con Dwight Moody cuando dijo que el despertar de una iglesia empieza cuando se prende una hoguera en el púlpito. Si de un lado los obreros son el principal problema de la obra; del otro, también ellos son el principal instrumento para el crecimiento de la obra. ¡Necesitamos desesperadamente de un avivamiento en el púlpito!

Necesitamos pastores que amen a Dios más que a su éxito personal. Necesitamos pastores que se fatiguen en la Palabra y traigan alimento nutritivo para el pueblo. Necesitamos pastores que conozcan la intimidad de Dios por la oración y sean ejemplo de piedad para el rebaño. Necesitamos pastores que den la vida por el rebaño en lugar de explotar al rebaño. Necesitamos pastores que tengan valor de decir "no" cuando los demás estén diciendo "sí" y, decir "sí", cuando la mayoría dice "no". Necesitamos pastores que no se doblen al pragmatismo ni vendan su conciencia por dinero o éxito. Necesitamos pastores fieles y no pastores populares. Necesitamos hombres quebrantados y no astros ensimismados.

Quizás uno de los grandes problemas contemporáneos sea que tenemos muchas estrellas en la constelación de la grey evangélica.

Hay pastores a los que les gusta ser tratados como astros del cine y como actores de televisión. Sin embargo, es importante decir que las estrellas brillan donde el sol no está brillando. Donde el Sol de la Justicia brilla, no hay espacio para que el hombre brille. Dios no divide su gloria con nadie. Solamente Jesús debe ser exaltado en la iglesia. Toda la gloria dada al hombre es gloria vacía, es vanagloria. El culto a la personalidad es idolatría y una abominación para el Señor Jehová.

Mi ardiente expectativa es que los pastores sean los primeros en arreglar su vida con Dios, lloren entre el pórtico y el altar y clamen a Dios por un tiempo de restauración. El gran reavivamiento que vino sobre la Iglesia Coreana en el inicio del siglo veinte fue el resultado del quebrantamiento de los pastores. Soy testigo ocular de ese despertamiento espiritual glorioso en la iglesia coreana. Ha llegado el tiempo de que seamos conocidos como hombres de Dios como Elías y Eliseo. Ha llegado el tiempo de que las personas sean informadas que en la ciudad donde vivimos hay hombres de Dios de confianza como Samuel. Ha llegado el tiempo de que las personas reconozcan que la Palabra de Dios en nuestra boca es la verdad. Ha llegado el momento de ser hombres como Pablo, que predicaba con lágrimas y poder, ya sea en la prisión o en libertad, con dinero o teniendo privaciones, en la salud o cuando se es atacado por los espinos. Ha llegado el momento de que seamos pastores como Pedro que no vendía la gracia de Dios por dinero, no aceptaba ofrendas hipócritas y aún sin provisiones de plata y oro, veía el poder de Dios realizando grandes prodigios por medio suyo. Ha llegado el momento de ser pastores como

Juan el Bautista que estaba listo para perder la vida, pero jamás a negociar los absolutos de Dios en su ministerio. Ha llegado el tiempo de imitar al gran y supremo pastor de ovejas, Jesucristo, que fue manso y humilde de corazón, amó sus ovejas hasta el fin y dio su propia vida por ellas. ¡Que Dios nos de pastores según su corazón!

Hernandes Dias Lopes

Capítulo 1

Los peligros del pastor

He andado por todo Brasil y he predicado en centenas de iglesias, de muchas denominaciones. He conversado con centenas de pastores y líderes de la iglesia evangélica brasileña. He visto muchas cosas maravillosas: pastores fieles predicando con cuidado la Palabra de Dios, vidas siendo transformadas por la acción regeneradora del Espíritu Santo. He visto hogares siendo cambiados e iglesias siendo edificadas en la verdad. Pero, por otro lado, también he visto otro escenario. Un escenario gris y tempestuoso, señalando la presencia de una tempestad devastadora. Se trata de una crisis de integridad teológica y moral en la clase pastoral. Esa crisis está esparciéndose rápidamente como un rastro de pólvora, alcanzando a toda la iglesia. Las consecuencias de ese terremoto abalan las propias estructuras de la sociedad.

Viajo con determinada constancia a Canadá y Estados Unidos. A veces, cuando estoy en la inmigración y al decir que soy pastor, de inmediato soy dirigido a una sala especial, para dar aclaraciones más profundas sobre mis motivaciones para entrar en el país. Hace unos años, el simple hecho de presentarse como pastor, las puertas se abrían; hoy las puertas se cierran. Conozco pastores a quienes se les impidió concretar la compra de un vehículo a crédito porque la empresa supo que el comprador era pastor. La clase pastoral vive la crisis del descrédito.

Hace unos años cuando una joven era candidata para casarse con un pastor, era como un pasaporte para un matrimonio feliz. Hoy en día, casarse con un pastor es como un contrato de riesgo. Hay pastores que son espectaculares en el púlpito, pero en la casa tienen un resultado mediocre. Con las ovejas son amables, pero agresivos con la esposa. Hay muchos pastores con crisis en sus matrimonios. Hay muchos hijos de pastor rebeldes e inclusive decepcionados con la iglesia.

Tengo la convicción de que la crisis moral que afecta la humanidad salpica la iglesia y se refleja en la crisis moral que está presente en el ministerio pastoral. Una investigación reciente en Brasil señaló que los políticos, la policía y los pastores son las tres clases más desacreditadas del Brasil. Estamos viviendo una inversión de valores. Estamos viviendo una crisis de integridad. Aquellos que deberían ser los guardianes de la ética tropiezan en ella. Aquellos que deberían ser el paradigma de una vida sin tacha están involucrados en escándalos vergonzosos.

Mi observación es que los pastores están bajo serios peligros y a continuación menciono algunos:

EXISTEN PASTORES NO CONVERTIDOS EN EL MINISTERIO

Es doloroso que algunos de aquellos que se levantan para predicar el evangelio a los demás no hayan sido alcanzados aún por el mismo evangelio. Hay quienes predican arrepentimiento sin que jamás lo hayan probado. Hay quienes anuncian la gracia sin que jamás hayan sido transformados por ella. Hay quienes conducen los perdidos a la salvación y aún están perdidos.[1]

Judas Iscariote fue apóstol de Jesús. Fue el único en el grupo que recibió un cargo de confianza. Fue nombrado para cuidar de la tesorería del grupo apostólico. Disfrutaba de la total confianza de los demás discípulos. Jamás hubo alguna sospecha sobre su integridad por parte de ellos. Aún en la cena, cuando Jesús lo señaló como el traidor, los otros discípulos no comprendieron de qué se trataba. Judas inicialmente lidero a los discípulos en un gesto de rebelión contra la actitud de María, que rompió un frasco de perfume, muy caro para ungir a Jesús. Él era un filántropo falso. Él era un ladrón. Su corazón no era recto ante Dios. Sus intenciones no estaban de acuerdo con los propósitos divinos. Con seguridad él le predicó a los demás, pero no se predicó a sí mismo. Llevó a otros a la salvación, pero él no fue alcanzado por la salvación. Él vivió una mentira. Su vida fue una falsedad. Su muerte fue una tragedia. Su destino fue la perdición.

En el siglo 17, Richard Baxter, un puritano de *Escol* en Inglaterra, en su famoso libro, *El pastor aprobado,* ya advertía hacia la existencia de pastores que tenían que nacer de nuevo. Jesús

---

[1] Mateo 7:21-23

dijo al maestro de la religión judía, uno de los principales judíos, llamado Nicodemo, que, si no naciera de nuevo, no podría ver el Reino de Dios y, si él no naciera del agua y del Espíritu, no podría entrar en el Reino de Dios.[2]

Hace unos años, después de predicar en un congreso evangélico, un pastor vino a mi encuentro con la cara llena de lágrimas. Él me abrazó y me dijo: "Yo soy pastor hace años. Prediqué el evangelio a millares de personas. Llevé varias personas a Cristo, pero solamente hoy estoy pasando por la bendita experiencia del nuevo nacimiento. Aún no era un hombre convertido y salvo".

EXISTEN PASTORES QUE NO EJERCEN EL MINISTERIO POR VOCACIÓN

John Mackay, presidente del Seminario de Princeton, en New Jersey, en los Estados Unidos, en su libro *El sentido de la vida*, trata de esa gran y fundamental cuestión para la sociedad: la vocación. No podemos subestimar ese tema. Debe ser discutido en el hogar, en la iglesia, en la academia y en las más nobles instituciones humanas. El sentido de la vocación es uno de los sentidos superiores del hombre. Es el sentido que lo lleva a realizar, sin interés de por medio y denuedo, los más grandes trabajos. En los momentos sombríos, le da luz; en los transes difíciles, les da nuevo ánimo. En mi libro *Mensajes seleccionados*, menciono tres verdades importantes sobre la vocación.

En primer lugar, *la vocación es el vector que rige lo que escogemos*. Vivimos en una sociedad embriagada por la ganancia. Las personas son valoradas por lo que poseen, y no por la dignidad del carácter.

---

[2]   Juan 3:3, 5

El dinero y la ganancia se vuelven los vectores de las alternativas profesionales. En el mercado global y consumidor, la ganancia es el oxígeno que riega los pulmones de la sociedad. La riqueza en sí no satisface, pero el sentimiento del deber cumplido, movido por la palanca de la vocación, trae una alegría indescriptible.

En segundo lugar, *la vocación es la conciencia de estar en el lugar correcto, haciendo las cosas correctas.* Quizás el problema de la vocación sea el problema social más grave y urgente, aquel que constituye el fundamento de los demás. El problema social no es solamente una cuestión de división de riquezas, productos del trabajo, sino un problema de vocaciones, modos de producir. ¡Es una tragedia muy grande cuando una gran cantidad de hombres de un país busca cargos, en lugar de vocaciones!

En tercer lugar, *la vocación puede ser tanto una inclinación como un llamado.* De manera general se encuentra la vocación por medio de una de estas dos alternativas: el descubrimiento de una capacidad especial, o la visión de una necesidad urgente. La vocación para el ministerio es un llamado específico de Dios, unido por una necesidad urgente y una capacitación especial.

Existen muchos pastores que jamás fueron llamados por Dios para el ministerio. Ellos son voluntarios, pero no tienen vocación. Entraron por los portales del ministerio por influencias externas, y no por un llamado interno y eficaz del Espíritu Santo. Fueron motivados por la seducción del *status* ministerial o fueron movidos por el *glamour* del liderazgo pastoral, pero jamás fueron separados por Dios para este menester.

Existen aquellos que entran en el ministerio con la motivación equivocada. Abrazan el ministerio por causa de las ganancias; otros, debido a la fama; aún otros, por acomodación. Hay los que intentan exámenes de admisión para medicina, derecho, ingeniería y, por no conseguir éxito, concluyen que Dios los está llamando para el ministerio. Alabo la posición de John Jowett, cuando dice en su libro *El predicador, su vida y su obra* que la convicción del llamado y la seguridad de la vocación no suceden cuando vemos todas las puertas cerrándose y, después, contemplamos la puerta abierta del ministerio. Vocación es cuando usted tiene todas las demás puertas abiertas, pero solamente consigue ver la puerta del ministerio. Vocación es como cadenas invisibles. Usted no puede huir permanentemente de ese llamado. El profeta Jeremías intentó desistir de su ministerio, pero eso fue como fuego en sus huesos.

Existen pastores perezosos en el ministerio

Es lamentable que haya aquellos que abrazan la más sublime de las vocaciones y sean negligentes en su aplicación. Es deplorable que haya pastores que tienen las manos débiles en la más importante y urgente de las tareas. Es incomprensible que algunos que ejercen un trabajo que a los ángeles les gustaría hacer sean renuentes y demorados en la obra.

El ministerio es un trabajo excelente, pero también es un trabajo arduo.[3] El apóstol Pablo dice *Los ancianos que gobiernan bien, sean tenidos por dignos de doble honor, mayormente los que trabajan en predicar*

---

[3]   1 Timoteo 3:1

y enseñar.[4] Es importante destacar que el ejercicio del ministerio implica esmerarse en el estudio de la Palabra. Los perezosos jamás cavarán las profundidades de la verdad. Ellos jamás se van a esmerar en la búsqueda de alimento nutritivo para el pueblo. Ellos jamás se van a empeñar en proteger a las ovejas de Cristo.[5]

Pablo dice que *Si alguno anhela obispado, buena obra desea.*[6] El pastoreo es una obra, y una excelente obra. No es una obra para gente perezosa, pero una obra que exige cualquier esfuerzo, todo empeño y todo cuidado.

Existen pastores que duermen demasiado, trabajan poco y quieren todas las recompensas. Quieren bonificaciones sin ningún esfuerzo. Quieren los laureles, pero jamás la fatiga. Quieren las ventajas, jamás el sacrificio. Es triste notar que muchos pastores no dan todo de sí mismos hasta el punto de quedar exhaustos. Son obreros descuidados, pastores de sí mismos, que se apacientan a sí mismos, en vez de pastorear el rebaño. Quieren facilidades y ventajas personales, sin que jamás inviertan su vida en la vida de las ovejas.[7]

EXISTEN PASTORES CODICIOSOS EN EL MINISTERIO

Existen pastores que están más interesados en el dinero de las ovejas que en su salvación. Existen pastores que hacen del ministerio un negocio, mercadean con la Palabra y transforman la

---

[4] 1 Timoteo 5:17
[5] Hechos 20:29,30
[6] 1 Timoteo 3:1
[7] Ezequiel 34:1-6

iglesia en un negocio que ofrece muchas utilidades.[8] Existen pastores que organizan iglesias como una empresa particular, donde prevalece el nepotismo. Transforman el púlpito en una vitrina, el evangelio en un producto, el templo en una plaza de negocios, y a los creyentes en consumidores. Son obreros fraudulentos, codiciosos, avaros y engañadores. Son amantes del dinero y están embriagados por la seducción de la riqueza.

Existen pastores que cambian el mensaje para obtener más utilidades. Predican prosperidad y engañan al pueblo con predicaciones tendenciosas para llenarse a sí mismos.

Estamos viendo hoy en día el fenómeno de la mercantilización de la fe. Pastores y más pastores están saliendo de la estructura eclesiástica y rompiendo con sus denominaciones para crear ministerios particulares, en el que el líder se vuelve el dueño de la iglesia. La iglesia pasa a ser una propiedad particular del pastor. El ministerio de la iglesia se vuelve un gobierno de dinastía, en el que la esposa es ordenada, y los hijos son sucesores inmediatos. No dudamos que Dios llama a algunos para el ministerio específico y que toda la familia esta involucrada en el proyecto, pero la multiplicación sin escrúpulos de ese modelo es muy preocupante.

EXISTEN PASTORES INESTABLES EMOCIONALMENTE EN EL MINISTERIO

Existen pastores enfermos emocionalmente en el ejercicio de su pastorado. Deberían ser pastoreados, pero están pastoreando. Deberían ser cuidados, pero están cuidando de los demás.

---

[8] 2 Corintios 2:17

Deberían estar siendo cuidados emocionalmente, pero están ayudando a otros.

Las iglesias tienen que tener mejor criterio en el envío de candidatos a los seminarios. Un pastor sin equilibrio emocional puede traer grandes pérdidas para sí mismo, para su familia y para la iglesia.

El ministerio tiene sus complejidades y exige obreros adecuados y emocionalmente saludables. El pastor lidia con tensiones y si no es una persona centrada y equilibrada, se resquebraja emocionalmente y puede generar conflictos a su alrededor. Muchos problemas en las iglesias fueron creados por la falta de habilidad de sus pastores. La dirección equivocada de una situación aparentemente simple, puede desencadenar problemas que difícilmente serán resueltos.

El pastor es un hombre que necesita dominio propio. Hay momentos en que una reacción desenfrenada echa todo a perder. La precipitación en el hablar puede generar grandes contiendas y conflictos. La manera equivocada de hablar puede desencadenar verdaderas guerras dentro de la iglesia. La truculencia en el actuar puede abrir heridas incurables en las relaciones interpersonales.

No hay región más resbalosa para un obrero frágil emocionalmente que la oficina pastoral. Muchos pastores han naufragado en las aguas revueltas de ese secreto lugar. Más de 50% de las personas que entran en una oficina pastoral son del sexo femenino, y más del 50% de los asuntos tratados están relacionados a la vida sentimental y sexual. Un pastor emocionalmente vulnerable se puede involucrar emocionalmente con sus aconsejadas o dejarse involucrar por ellas. Existen varios pastores que perdieron el ministerio dentro de la oficina pastoral. Son como Sansón, verdaderos gigantes en determinadas áreas de la vida, pero débiles emocionalmente, que se derriten ante la seducción y pierden la visión, el ministerio, la familia y la propia vida.

EXISTEN PASTORES CON MIEDO DE FRACASAR EN EL MINISTERIO

El miedo es más que un sentimiento, es un espíritu. Pablo le escribe a Timoteo, diciendo que Dios no nos ha dado espíritu de cobardía, sino de poder, de amor y dominio propio.[9] El miedo nos paraliza. El miedo altera nuestra comprensión de las cosas. Los discípulos de Jesús arrinconados por el miedo, lo vieron andando sobre las olas y gritaron de terror: "¡Es un fantasma!"[10] En vez de mirar a Jesús, como la solución de sus problemas, lo vieron como el empeoramiento de la situación. El miedo les opacó la visión y les entorpeció el alma. Jesús contó la parábola de los talentos y dijo que quien recibió solamente un talento, con miedo de fracasar, lo enterró y fue descalificado por su Señor.[11]

Existen muchos pastores con miedo de fracasar en el púlpito, en la consejería y en la administración. Existen pastores con miedo de relacionarse con su liderazgo y con miedo de la opinión del pueblo. Existen pastores que actúan como una tortuga, pues se encogen bajo una gruesa cáscara, pensando que ese falso blindaje los protegerá de decepciones.

---

[9]   2 Timoteo 1:7
[10]   Mateo 14:26
[11]   Mateo 25:24-27

Craig Groeschel escribe sobre ese temor del fracaso narrando un interesante experimento hecho por algunos científicos. He aquí el experimento:

En la mitad de un salón, algunos científicos colgaron un racimo de bananos frescos en un palo. A continuación, dejaron cuatro chimpancés sueltos en el salón. Al instante, los chimpancés hambrientos fueron en dirección de los bananos maduros. Cuando intentaron subir por el palo, uno de los científicos echó agua bien helada sobre todos los chimpancés.

Los chimpancés retrocedieron, se juntaron de nuevo e hicieron un segundo intento. Tan pronto empezaron a subir en la estaca, recibieron nuevamente el baño de agua helada. Después de varios intentos sin éxito, los chimpancés se convencieron de que el fracaso era inevitable, y, por fin, pararon de intentar.

Al día siguiente, los investigadores quitaron uno de los cuatro chimpancés del salón y lo remplazaron por otro que no había participado de la experiencia en el día anterior. ¿Qué hizo el nuevo? Fue sin temor a coger los bananos. Pero, antes de que llegase a la base del poste, los tres veteranos lo jalaron. Como no tenía miedo, intentó nuevamente, pero una vez más fue impedido por sus compañeros. Al final terminó dejando eso a un lado y se rindió a la actitud fatalista de los demás.

Todos los días los científicos cambiaban uno de los chimpancés originales. Al quinto día, de los cuatro chimpancés en el salón, ninguno de ellos había pasado por la experiencia de tomar un baño de agua helada. Aun así, a partir de ese momento, todas las veces que un nuevo chimpancé estaba en el salón, los otros le impedían de subir al poste para coger los bananos *sin aún saber por qué lo hacían*. La falla de los primeros cuatro condicionó a todos los novatos a evitar cualquier intento.[12]

Esa experiencia no es común solamente entre chimpancés, sino también entre individuos. Nosotros nos precavemos con el fracaso de los demás y quedamos con miedo de hacer nuevos intentos. El miedo nos puede privar de cosas maravillosas que están a nuestro alcance. No permita que el miedo del fracaso lo transforme en un chimpancé de laboratorio.[13] El fracaso es una circunstancia, nunca una característica personal. Thomas Alva Edison hizo alrededor de dos mil experimentos antes de inventar la bombilla eléctrica. En cierta ocasión alguien le preguntó si no se sentía frustrado después de tantos experimentos. Él respondió: "¡No! Yo inventé el bombillo eléctrico, y esta fue una victoria que demandó dos mil pasos". El fracaso solamente es fracaso cuando no se aprende con él. El fracaso tiene que ser su pedagogo, y no su sepulturero. El fracaso no dura para siempre. Cuando Dios es el compañero de sus sueños, ¡tenga el valor de soñar en grande e inclusive correr riesgos!

---

[12] CHROESCHEL, Craig., *Confissões de um pastor*, São Paulo, Vida, 2006.

[13] CHROESCHEL, Craig., *Confissões de um pastor*, pg. 170.

EXISTEN PASTORES CONFUNDIDOS TEOLÓGICAMENTE EN EL MINISTERIO

La iglesia evangélica vive un fenómeno extraño en varios países de América Latina. Crece explosivamente, pero al mismo tiempo pierde vergonzosamente la identidad de evangélicas. Lo que en verdad crece no es el evangelio, sino otro evangelio, un evangelio híbrido, sincrético y místico. Vemos prosperar en esos países una iglesia que se dice evangélica, pero que no tiene evangelio. Predica sobre prosperidad, y no sobre salvación. Habla de tesoros en la tierra, y no de tesoros en el cielo.

Existen muchos vientos de doctrinas que soplan todos los días, y las novedades están floreciendo como hongos en la huerta fértil del misticismo latinoamericano. La Biblia es utilizada de manera mágica para sostener herejías de pastores entorpecidos, que buscan a cualquier costo las utilidades y la promoción personal. En esa babel de novedades en el mercado de la fe, identificamos algunos tipos de pastores.

Primero, *existen aquellos que son los mentores de las novedades.* Esos pastores son verdaderos especialistas en comunicación y mercadeo. Siempre están creando alguna novedad para atraer al pueblo. El problema de esa busca frenética por las novedades es que la Palabra de Dios es omitida al pueblo. En vez de nutrir al pueblo con el trigo de la verdad, lo sacian con la paja de las novedades.[14] Cuando un pastor entra por ese camino, tiene que tener mucha creatividad, ya que una novedad es atrayente por un tiempo, pero enseguida pierde su impacto. Entonces se hace necesario

---

14 Jeremías 23:28-32

inventar otra novedad. Es como la goma de mascar. Al comienzo usted la mastica, y es dulce, pero después de determinado tiempo usted mastica caucho.

Segundo, *existen aquellos que son títeres*. Existen muchos pastores que no conocen la Palabra y no tienen ninguna visión ministerial. Apenas siguen la dirección sin foco de sus superiores. Son pastores sin rebaño que están al servicio de causas particulares de obreros fraudulentos. Esos pastores apenas son transmisores de un mensaje que no encuentran en la Palabra, sino que la transmiten al pueblo como si fuera la Palabra de Dios. Esos pastores están perdidos y hacen que el pueblo de Dios yerre.[15]

Tercero, *existen aquellos que deliberadamente abandonaron la sana doctrina*. Algunos de nuestros seminarios históricos están siendo infiltrados por profesores de fuerte tendencia liberal. Hay profesores que no creen más en la inerrancia y suficiencia de las Escrituras. Hay los que no creen en la literalidad del registro de Génesis 1 y 2. Se dicen cristianos, pero, al mismo tiempo, son discípulos de Darwin, y no de Cristo. Dicen creer en la Biblia, pero, al mismo tiempo, son evolucionistas. Otros dicen que sirven a Dios, pero niegan la inspiración de las Escrituras. De hecho, esos obreros no pasan de lobos que se infiltran en medio del rebaño para devorar ovejas.[16] Muchos pastores sin experiencia, discipulados por esos maestros del engaño, abandonan el camino de la verdad y se entregan a la herejía. Es importante afirmar que

---

[15] Jeremías 23:32
[16] Hechos 20:29

el liberalismo es un veneno mortal. A donde llega, mata la iglesia. Existen muchas iglesias muertas en Europa, en Norte América y, ahora, hay iglesias que están coqueteando con ese instrumento de muerte en América Latina. No tenemos ningún registro de un liberal que haya edificado una iglesia saludable. No tenemos registro de ningún liberal que haya sido instrumento de Dios para un gran avivamiento espiritual. El liberalismo debe ser abandonado, si lo que queremos es una iglesia sólida en la Palabra, piadosa y comprometida con la obra misionera. No hay antídotos para una iglesia que abandona la sana doctrina y anda de la mano con el liberalismo. Cuando una iglesia llega al punto de abandonar su confianza en la inerrancia y suficiencia de las Escrituras, su destino es caminar de manera rápida hacia la destrucción.

Existen pastores déspotas en el ministerio

Existen pastores que gobiernan al pueblo con demasiado rigor. Actúan de manera truculenta y con despotismo con las ovejas de Dios. Dominan al pueblo con autoritarismo.[17] Denigran a aquellos que cuestionan su modelo.

El autoritarismo es una especie de inseguridad. Es complejo de inferioridad disfrazado de complejo de superioridad. Es el miedo de dividir el poder y ser rechazado. Un liderazgo impuesto no tiene valor. Un liderazgo establecido por el miedo no es digno de un cristiano. Eric Fromm, un psiquiatra famoso, dijo que hay dos tipos de autoridad: la autoridad impuesta y la autoridad

---

[17]   1 Pedro 5:1-4

adquirida. Nuestro modelo de liderazgo es aquel ejercido por Jesús. Él fue un líder siervo. El liderazgo no es una posición de privilegios, sino una plataforma de servicio. El líder no es el que grita más fuerte, sino el que conquista el corazón de todos por el ejemplo y sirve a los que lidera con amor. El apóstol Pedro dice que el presbítero no debe actuar como teniendo señorío sobre el rebaño, sino como su modelo.[18]

El apóstol Juan denuncia la práctica egoísta y truculenta de Diótrefes, al que le gusta tener el primer lugar en la iglesia.[19] Él veía cada persona que llegaba a la iglesia como un rival, y no como un compañero. Él se sentía amenazado por la presencia de nuevos creyentes. Y no sólo dejaba de recibir a las personas con amor, sino que se esforzaba en alejarlas de su camino de vanidades. Para Diótrefes, el ministerio era una plataforma de autopromoción y no una oportunidad para servir.

EXISTEN PASTORES SIENDO VÍCTIMAS DEL DESPOTISMO EN EL MINISTERIO

Hay muchos pastores que son rehenes de líderes truculentos y manipuladores. Esos líderes alimentan el síndrome de dueños de la iglesia. Esos seudolíderes tratan al pastor como si él fuera un empleado que debiera estar siempre bajo su yugo.

Hay muchas iglesias en que los presbíteros o diáconos se consideran patrones del pastor y jefes de la iglesia. Son líderes que no apacientan al rebaño ni permiten que el pastor lo

---

[18] 1 Pedro 5:3
[19] 3 Juan 9-11

haga. Ellos miran al pastor como un rival que amenaza tomar el poder. Son más críticos del pastor que sus colaboradores. Ellos trabajan como fiscales del pastor, y no como sus motivadores. Siempre están listos a mostrar los puntos vulnerables del pastor, y nunca le estimulan con un elogio sincero. Usan constantemente la escarapela de inspectores del pastor, en vez de ser co-pastores del rebaño.

Hay mucha disputa de poder en el liderazgo de las iglesias. Ese pulso produce desgaste y muchas lágrimas. La mayoría de los pastores sufre más con las relaciones interpersonales tensas del liderazgo que con los quehaceres del ministerio. Los líderes dan más trabajo que las ovejas. Hay muchos pastores heridos, mal-tratados, pisoteados y humillados por líderes truculentos. Hay muchos líderes que vuelven la vida del pastor una pesadilla. Hay muchos pastores frustrados y muchos hijos de pastor molestos con la manera como la familia pastoral es tratada. ¡Necesitamos de cura para esos relacionamientos!

EXISTEN PASTORES ENGAÑADOS EN EL MINISTERIO

El ministerio no es un mar de rosas, sino un campo de reñidas luchas. El ministerio no es una sala VIP ni una calle cubierta con un tapete rojo. El ministerio no es un parque de diversiones ni un centro vacacional. El ministerio es batalla, es lucha sin tregua. Quien entra en el ministerio tiene que estar consciente de que hay oposición de fuera y presión por dentro. Hay batallas internas y externas. Hay conflictos creados por el enemigo y guerras traba-das por los hermanos.

El apóstol Pablo enfrentó la oposición de los enemigos y también de miembros de las iglesias. Ser ministro es vivir constantemente bajo presión. El ministerio es un coliseo de luchas con el poder de las tinieblas y con el poder de la carne. No hay ministerio sin tensión. No hay ministerio sin dolor. No hay ministerio sin lágrimas. Ser pastor es cruzar un desierto caluroso, en lugar de pisar los tapetes mullidos de la fama. Ser pastor es el arte de tragar piedras y vomitar diamantes. Ser pastor es estar dispuesto a invertir la vida en la vida de los demás sin recibir el debido reconocimiento. Ser pastor es amar sin esperar recompensa, es dar sin esperar retorno. Ser pastor es saber que nuestro galardón no nos es dado aquí, sino en el cielo.

Entrar al ministerio con una visión romántica es un grande riesgo. Eso no quiere decir que el ministerio sea un peso o una carga. Creo que ser pastor es un gran privilegio. Ninguna posición en la tierra debería seducir el corazón de un pastor a desviarse de su foco ministerial. El papel que desempeñamos es tan sublime que a los ángeles les gustaría hacer nuestro trabajo. Ser embajador de Dios es mejor que ser embajador de la nación más poderosa de la tierra. Charles Spurgeon decía a sus alumnos: "Hijos, si la reina de Inglaterra os invita para ser embajadores en cualquier lugar del mundo, no os rebajéis de puesto, dejando de ser embajadores del cielo". Hoy vemos a muchos pastores dejando el ministerio para ser vendedores, senadores de la República. Cambian su derecho de primogenitura por un plato de lentejas. Eso es una equivocación y un cambio infeliz. A pesar de que la vocación civil también sea una vocación sacrosanta, aquel a quien Dios llamó para el ministerio no debe desviar su atención con otras tareas, aunque sean de las más nobles.

EXISTEN PASTORES CON EL MATRIMONIO DESTRUIDO EN EL MINISTERIO

D.A. Carson, en su libro *The Body* [El Cuerpo], dice que en uno de los grupos sociales que más se divorcia en el mundo hoy en día es el pastoral. El pastor corre gran riesgo al cuidar de otros y descuidar el cónyuge. El pastor corre el gran riesgo de dar atención especial a todos los que le buscan y no dar atención especial a la propia familia. El pastor corre el riesgo de ser un marido ausente e insensible a las necesidades emocionales de la esposa.

Existen pastores que viven de las apariencias. Predican sobre matrimonio, pero están con el matrimonio destruido. Dan consejería a parejas en crisis, pero no aplican los mismos principios a su propia relación conyugal. Hay pastores que predican una cosa y practican otra. Son amables con los demás y amargos con la esposa. Son tolerantes con las ovejas e implacables con los hijos. Hay pastores que son ángeles en el púlpito y demonios en el hogar.

Ese abismo entre el púlpito y el hogar deja sin credenciales al ministro, descalifica el ministerio y quita al pastor la unción para ejercer con fidelidad y eficacia su pastorado. Si el pastor no es bendición dentro de su casa, será un fracaso en público.

El primer y más importante rebaño de un pastor es su propia familia. Ningún éxito en el ministerio compensa el fracaso familiar. La familia del pastor es el pilar de sustentación de su ministerio. La Palabra de Dios dice que aquel que no sabe gobernar su propia casa no es apto para gobernar la iglesia de Dios.[20] Oí hace mucho tiempo, a alguien que afirmó que Noé fue el más grande evangelista de todos los tiempos. Pues, a pesar de no haber conseguido llevar a nadie al arca, llevó con él a toda su familia. Hay muchos predicadores que son instrumentos para llevar muchos a la salvación, pero pierden su propia familia. El sacerdote Elí fue reprobado por amar más a sus hijos que a Dios. Aun así, dedicó tiempo a los demás, pero no cuidó de los propios hijos.[21] El pastor vive constantemente bajo la tensión de las cosas urgentes e importantes. Él, de manera constante, es solicitado para atender lo urgente y, a veces, sacrifica en el altar de lo urgente lo que es verdaderamente importante. Muchas veces, el pastor corre detrás de las cosas urgentes y se olvida de cuidar su propia casa.

Existen muchos pastores con la familia reventada emocionalmente. Son delicados con las ovejas e insensibles con la familia. Son amables en el púlpito y rudos dentro de casa. Son tiernos con los hijos de los demás y fuertes con los propios. Hay muchos hijos de pastor amargados y airados por la manera como son tratados por los papás. Ellos nunca tienen tiempo. Siempre están ayudando a los otros, oyendo a los otros y cooperando con los otros, pero nunca dedican un tiempo para conversar con los propios hijos. Existen mujeres casadas con pastores que viven en una inmensa soledad, y hay hijos de pastor que son huérfanos de padres vivos.

Los pastores tienen que rescatar, con urgencia, la prioridad de cuidar de la familia. La iglesia es una bendición y tenemos que

---

[20] 1 Timoteo 3:4,5
[21] 1 Samuel 2:12-17, 22-36

aprender a amarla y a cuidarla como la niña de los ojos de Dios, pero no podemos hacer eso en detrimento de la propia familia. El mejor camino es que toda la familia ame el ministerio y trabaje unida y firme en apoyar el ministerio pastoral. Cuando la familia del pastor ve la iglesia como rival, eso trae grandes trastornos para el pastor y también para la iglesia.

EXISTEN PASTORES DESCONTROLADOS FINANCIERAMENTE EN EL MINISTERIO

Lo que autentica el trabajo del pastor en el púlpito, en la oficina pastoral y en las demás áreas del ministerio es su integridad moral, su piedad personal y su responsabilidad administrativa. El ministro tiene que ser un hombre irreprensible. Su reputación tiene que ser inmaculada. Él debe tener un buen testimonio de los de fuera.[22] El pastor no puede dejar flancos abiertos en su vida. Él no puede tener pendencias financieras donde vive. No puede ser deshonesto en sus palabras, ni descuidado en sus compromisos financieros. El pastor no puede ser un hombre involucrado con deudas, enredado financieramente, irresponsable con sus compromisos financieros. Él no puede vivir de apariencias. No puede querer ostentar un patrón de vida arriba de sus condiciones financieras.

Hay muchos pastores que perdieron la credibilidad en el pastorado por la falta de habilidad para administrar sus finanzas. Hay pastores sin crédito donde viven. Hay pastores que toman

---

[22] 1 Timoteo 3:7

prestado y no pagan. Hay pastores que son infieles en la administración financiera, empezando con la retención del diezmo del Señor. Cuando un pastor retiene el diezmo de Dios, pierde la autoridad para enseñar al pueblo sobre fidelidad. Hay pastores que gastan más de lo que ganan. Se meten en deudas y no consiguen saldar sus compromisos financieros a toda hora. Hay pastores que no saben lidiar con cheques especiales y tarjetas de crédito. Compran lo que no necesitan, con dinero que no tienen, para impresionar a personas que ni siquiera conocen.

Vivimos en una sociedad consumista. Somos llevados a creer que el *tener* es más importante que el *ser*. Las propagandas seductoras apelan constantemente a nuestros sentidos. Ellas crean dentro de nosotros una profunda insatisfacción y una verdadera compulsión para adquirir esos bienes de consumo. En la década de 1950, consumíamos cinco veces menos de lo que consumimos hoy en día. No éramos menos felices por eso. En la década de 1970, más del 70% de las familias dependían apenas de una renta para mantener toda la casa. Hoy, más de 70% de las familias dependen de dos rentas para mantener el mismo patrón. O sea, el lujo de ayer se volvió necesidad imperiosa hoy. Tenemos más cosas de las que necesitamos. Gastamos más con cosas superfluas que con el Reino de Dios. Podríamos vivir felices con mucho menos, pues lo que nos satisface no son las cosas. Nuestra alegría no está fuera de nosotros, sino dentro. La Biblia dice que el contentamiento con la piedad es gran fuente de ganancia.[23]

---

[23]   1 Timoteo 6:6

EXISTEN PASTORES EN PECADO EN EL MINISTERIO

No existe nada más peligroso para la vida espiritual de un hombre que acostumbrarse con lo sagrado. Los hijos de Elí, Ofni y Finees, eran sacerdotes del Señor, pero también eran impuros, irreverentes y abominables. Ellos hacían la obra de Dios, pero no vivían para Dios. Tenían ministerio, pero no tenían vida; desempeño, pero no piedad.[24] Un día los israelitas entraron en batalla contra los filisteos. Ante una derrota amarga, en la cual 3 mil israelitas fueron muertos, esos sacerdotes impuros trajeron el arca del pacto al campamento. Pero la derrota fue aún más numerosa. Murieron 30 mil hombres, esos dos religiosos fueron muertos, el arca fue robada, y la gloria de Dios se alejó de ellos.[25] Un ministro infiel es peor que un incrédulo. Charles Spurgeon decía que un ministro sin piedad es el agente más grande del diablo en una iglesia.

Si la vida del pastor es la vida de su ministerio, los pecados del pastor son los maestros del pecado. Los pecados del pastor son más graves, más hipócritas y más devastadores que el pecado de las demás personas. Más graves, porque el pastor peca con más conocimiento; más hipócritas, porque el pastor denuncia el pecado en público y lo practica en secreto; y más devastador, porque, cuando el pastor peca, más personas quedan escandalizadas.

No son pocos aquellos obreros que caen en el lazo de la impureza y de la infidelidad conyugal. Crece, de manera

---

[24] 1 Samuel 1,2; 2:12-26
[25] 1 Samuel 4:1-22

espantosa, el número de pastores que se involucran en relaciones sexuales ilícitas en las iglesias. Crece vertiginosamente el número de divorcios en la clase pastoral. Un ejército de pastores es despojado del ministerio cada año por cuestiones morales. Jopencil Silva describe las escalinatas de la tentación hasta la caída. Él dice que la tentación se transforma en caída cuando el hombre para donde no debería haber parado; cuando da oídos a quien no debería haber oído; cuando mira hacia donde no debería haber mirado; y cuando prueba lo que no debería haber probado.[26] Tenemos que ser cautelosos, pues el pecado puede retenernos por más tiempo del que nos gustaría quedarnos; puede llevarnos más lejos de lo que nos gustaría ir, y puede costarnos más caro de lo que nos gustaría pagar.

Craig Groeschel, en su libro *Confissões de um pastor* [Confesiones de un pastor], advierte hacia el peligro de la tentación sexual. Lo que empieza como simple pensamiento puede transformarse en una mirada, enseguida en pensamientos más prolongados hasta degenerar rápidamente en un acto. Las estadísticas son increíbles: investigaciones conservadoras demuestran que más del 60% de los hombres y 40% de las mujeres cometieron adulterio.[27] Los cristianos y, sobretodo los pastores, no están libres de este riesgo. Craig Groeschel cuenta la historia de los esquimales y de cómo ellos lidian con lobos feroces. Esta historia ilustra ese peligro:

[26] SILVA, Jopencil M. *Cuidado com as tentações do ministério*. Governador Valadares: Design, 2007, p. 19, 20.
[27] GROESCHEL, Craig. *Confissões de um pastor*, p. 48.

Para proteger familias de una aldea, alguien caza un conejo o una ardilla. Posteriormente, los nativos sumergen un puñal de doble filo, bien afilado en la sangre del animal y dejan que la lámina se congele. Entonces, colocan el cabo del puñal bien firme en el piso, manteniendo expuesta la lámina cubierta de sangre congelada.

Por la noche, algún lobo inadvertidamente siente el olor de la sangre y se aproxima para ver de qué se trata. Él empieza a lamer la lámina. La sangre congelada y el metal frío entorpecen la lengua del lobo. Poco a poco, el animal se corta la lengua y pasa a sentir el sabor de su propia sangre caliente.

Como no siente dolor, él lambe cada vez más rápido y con más voracidad. Sin notar, se corta la lengua. Cuando el lobo se da cuenta de lo que está sucediendo, el daño ya es muy grande. El animal sangra poco a poco hasta morir.[28]

Esa historia trágica tiene que ver con la tentación sexual. Hay muchos pastores que ya están sangrando, con la vida reventada. Hay muchos obreros que ya perdieron la sensibilidad espiritual y el temor a Dios. Están viviendo en la práctica del pecado y, al mismo tiempo, predicando, ministrando la Cena, dando consejería a los afligidos. Son hipócritas que intentan curar otros mientras debieran estar buscando cura para sí mismos.

Hay pastores que continuarán viviendo en pecado sin arrepentirse o sin abandonar el ministerio. Hay aquellos que sólo

---

[28] GROESCHEL, Craig. *Confissões de um pastor*, p. 48,49.

interrumpirán sus prácticas abominables después de que sean cogidos por sorpresa o caigan en el escarnio público.

¡Este es el momento de que la iglesia ore por los pastores! ¡Este es el momento de que los pastores coloquen la boca en el polvo y clamen a Dios por una visitación del cielo y por un tiempo de restauración![29]

---

[29] Joel 2:17

Capítulo 2

La vocación del pastor

La vocación para el pastorado es la más sublime de todas las vocaciones. Como ya abordamos en el capítulo anterior, John Jowett, en su libro *El predicador, su vida y su obra*, dice que la vocación pastoral no sucede cuando usted busca estudiar medicina, y no es aprobado en el examen de admisión; corre para ingeniería, y no obtiene éxito; golpea en la puerta de otro curso universitario, y también fracasa; entonces, concluye que Dios le está abriendo una puerta para el ministerio. Al contrario, vocación pastoral es cuando todas las otras puertas están abiertas, pero usted solamente anhela entrar por la puerta del ministerio. Vocación es como cadenas invisibles. El llamado de Dios es irrevocable e intransferible. Cuando él llama, ¡llama eficazmente!

Dios llama a personas diferentes, en circunstancias diferentes, en edades diferentes, para ministerios diferentes. Llamó a Jeremías en el vientre de su mamá. Llamó a Isaías en un momento de crisis nacional. Llamó a Pedro después que se casó. Llamó a Paulo cuando este perseguía a la iglesia.

El profeta Jeremías dice que Dios es el que da pastores a la iglesia (Jr 3:15). El pastor no es un voluntario, sino una persona llamada por Dios. Su ministerio no es buscado, sino recibido.[30] Su vocación no es terrenal, sino celestial.[31] Su motivación no está en ventajas humanas, sino en cumplir el propósito divino. Entrar en el ministerio con otros propósitos o motivaciones es un gran peligro. El ministerio no es un palco de éxito, sino un coliseo de muerte.[32] El ministerio no es un camerino donde nos ponemos las máscaras y realizamos un papel diferente del que, en verdad, somos, sino es un campo de trabajo cuya esencia es la integridad. La vida del ministro es la vida de su ministerio. El pastoreo no es una plataforma de privilegios, sino un campo de servicio, no es una feria de vanidades, sino un lugar de trabajo humilde y sin intereses.

Abrazar el ideal del ministerio es renunciar a otros ideales. Fui consagrado a Dios desde el vientre. Mi madre fue puesta ante un dilema terrible. Debería escoger entre su vida y la mía. Su embarazo de riesgo no le dejaba una segunda opción. Desafiando el pronóstico de la medicina, hizo un voto a Dios diciéndole que si el Señor guardase mi vida y su vida, ella me consagraría para el ministerio. Dios oyó su oración, y yo nací. Mi mamá guardó ese

---

[30]   Hechos 20:24
[31]   Hechos 26:19
[32]   1 Corintios 4:9

compromiso en el corazón y, continuamente, oró al Señor para que Dios me llamara para el ministerio. Ella no compartió su voto conmigo para no influenciarme. Mi sueño desde niño era ser abogado y político. Desde niño yo no perdía ningún proselitismo electoral. Oía atentamente a los oradores y me entusiasmaba cada vez más con la carrera política. El día que cumplí 18 años, saqué mi tarjeta de elector y me afilié a un partido político. Mi mente estaba agitada, y mi corazón inquieto ansiaba ardientemente entrar en esa vida. Pero quiso Dios tocar en mi vida y llamarme para el ministerio antes de que yo cumpliera 19 años. Renuncié inmediatamente a mis sueños y abracé el propósito de Dios. Hoy, yo no cambiaría el ministerio por cualquier privilegio. Entiendo que no hay carrera más sublime que ser embajador de Dios, ministro de la reconciliación, pastor de almas, predicador del santo evangelio de Cristo. He andado por todo Brasil, he predicado en otros países. He llevado las buenas nuevas del evangelio a los rincones más distantes de Brasil y del mundo. El ser predicador del evangelio no tiene comparación con ninguna alegría que el mundo pueda dar a quien predica el evangelio de Jesucristo.

Alguien dijo una vez que si el ideal es más grande que la vida, vale la pena dar la vida por el ideal. Carlos Studd, atleta de Escol en Inglaterra convertido a Cristo en el siglo 19, dejó las glorias del mundo deportivo para dedicar su vida a la vida misionera en India y África. Cuando alguien le preguntó si no era un sacrificio muy grande lo que estaba haciendo, él respondió: "si Jesucristo es Dios y él dio su vida por mí, no hay sacrificio tan grande que yo pueda hacer por él". Estoy de acuerdo con el mártir del cristianismo en Sur América, el misionero Jim Elliot, cuando dijo: "no es tonto el que da lo que no puede retener, para ganar lo que no puede perder".

Veamos algunas lecciones importantes sobre el texto de Jeremías 3:15.

ES DIOS QUIEN DA PASTORES A SU IGLESIA (JR 3:15)

Aquí hay dos verdades que pueden ser destacadas:

En primer lugar, *la elección divina no está fundamentada en el mérito, sino en la gracia.* Jeremías era un niño cuando fue llamado.[33] Él no sabía hablar. Fue Dios el que le colocó la palabra en la boca. Jonás era un hombre que tenía dificultad en perdonar a los enemigos, y Dios lo llamó y lo envió a hacer la obra, aun contra su voluntad.[34] Pablo se consideraba el más pequeño de los apóstoles, el menor de los santos y el más pecador de todos, pero Dios lo colocó en el lugar de más honor en la historia de la iglesia. Nuestra elección para el servicio y para la salvación no está basada en méritos, sino en la gracia. La puerta de entrada en el ministerio es la humildad. Ningún pastor puede hacer la obra de Dios de manera eficaz con altivez y orgullo. La altivez antecede la ruina. La vanidad es la antesala del fracaso. Toda la gloria que no le es dada a Dios es gloria vacía. No estamos en el ministerio porque somos alguien, estamos para anunciar al único que es digno de recibir toda honra, gloria y alabanza.

---

[33] Jeremías 1:6
[34] Jonás 1:2; 3:1,2

En segundo lugar, *es Dios el que coloca los miembros en el cuerpo como le place*. Todos los salvos tienen dones y ministerios en el cuerpo, pero no todos son llamados para ser pastores.[35] No somos nosotros los que decidimos, sino Dios. Quien es llamado para ese sublime trabajo no puede enorgullecerse, porque no tiene nada que no haya recibido. Un individuo creyente no debería entrar en el ministerio sin haber sido llamado específicamente para ese trabajo, ni una persona llamada debería retardar ese llamado.

Muchos piensan, de manera equivocada, que el pastor ocupa un lugar destacado en la jerarquía de la iglesia. Pero no existe ninguna jerarquía en la iglesia de Dios. El pastor no es más grande que el más pequeño de los miembros de la iglesia. Él es siervo de Cristo y siervo de la iglesia. Aquellos que entran en el ministerio y tratan al rebaño de Dios con demasiado rigor, pensando que tienen dominio sobre las ovejas de Dios, están incurriendo en un engaño peligroso.[36]

Hoy hemos visto, con gran tristeza, como algunos pastores intentan blindarse a sí mismos viviendo en una torre de marfil, por encima del bien y del mal, sin aceptar ningún tipo de exhortación o corrección de parte de los miembros de la iglesia o aún de otros pastores. Se defienden ardientemente, diciendo que nadie puede "tocar al ungido del Señor". Sacando, de esta manera, al texto de su contexto y usando la Palabra de Dios únicamente para protegerse o para esconder sus pecados. El liderazgo pastoral es únicamente

---

[35] Efesios 4:11
[36] 1 Pedro 5:1-4

posicional. El pastor no es más importante que ninguna otra persona del rebaño. De la misma manera como el marido es el cabeza de la mujer, pero no es más importante que la mujer. De la misma manera que Dios es el cabeza de Cristo, pero no es más grande que Cristo. De la misma manera, el liderazgo del pastor es un liderazgo funcional. El pastor y los miembros de la iglesia todos están nivelados en un mismo punto; todos son siervos de Cristo, y como tales, deben exhortarse los unos a los otros.

El apóstol Pablo, conversando con los presbíteros de Éfeso, les dijo: *Pero de ninguna cosa hago caso, ni estimo preciosa mi vida para mí mismo, con tal que acabe mi carrera con gozo, y el ministerio que recibí del Señor Jesús, para dar testimonio del evangelio de la gracia de Dios.*[37] El ministerio no es una obra en la cual nos arrojamos por iniciativa propia, sino una comisión que recibimos de Jesús. No es un llamado a la comodidad, sino una convocación para la abnegación. No es una aspiración por *status* y poder, sino un deseo por una obra extenuante, sin embargo excelente.[38]

Ashbell Green Simonton era el noveno hijo de una familia piadosa. Su papá fue médico y representante a la cámara por dos legislaturas. Simonton era el menor entre sus hermanos. En la infancia sus padres lo consagraron al Señor y, en su debido momento, Dios lo llamó para el ministerio. Él entró al seminario de Princeton, en New Jersey, Estados Unidos. Fue un alumno brillante. Al terminar su curso, mientras oía un sermón de Charles

---

[37] Hechos 20:24
[38] 1 Timoteo 3:1

Hodge, fue desafiado por Dios para abrazar la obra misionera. Dios inclinó su corazón hacia el Brasil. Algunas personas intentaron hacerlo desistir de su proyecto, diciéndole que era locura dejar a su familia, su patria y propuestas tan prometedoras de la iglesia en su nación para ir a una nación tan pobre y con tantas enfermedades endémicas. Entonces Simonton respondió: "El lugar más seguro para que un hombre esté, aun rodeado de amenazas y peligros, es en el centro de la voluntad de Dios". Ese joven, a los 26 años, dejó su tierra y llegó a Brasil. Con valentía trabajó y en un ministerio meteórico de tan sólo ocho años, dejó organizada la Iglesia Presbiteriana del Brasil, denominación que hasta hoy está comprometida con la fiel predicación de las Sagradas Escrituras.

Dios da pastores a su iglesia (Jr 3:15)

Dios no sólo llama, sino que da específicamente la misión. ¿Qué es un pastor? ¿Qué significa pastorear?

En primer lugar, *pastorear es alimentar al rebaño de Dios con la Palabra de Dios.* No nos es dado proveer el alimento, pero sí ofrecer el alimento. El alimento es la Palabra. Retener la Palabra al pueblo de Dios es un pecado muy grave. Muchas iglesias hoy en día están enfermas porque se alimentan de yerbas venenosas.[39] ¡Existe muerte en la olla! Existen muchas herejías circulando en los púlpitos evangélicos. Existen muchas novedades diferentes a la Palabra de

---

[39] Consulte el libro de este mismo autor. *Morte na panela* [Muerte en la olla], editado por la Editorial Hagnos, 2007, que trata específicamente de esa materia.

Dios que se infiltran en la liturgia, en el mensaje, en la música, y acaban debilitando la vida espiritual de la iglesia. Hay iglesias que tienen hambre, ya que no reciben el alimento nutritivo de la Palabra. Sus pastores no se fatigan en la Palabra. No estudian la Palabra ni meditan en ella. Predican del vacío de su mente y del engaño de su corazón. Aun hay iglesias que están raquíticas y desnutridas porque reciben alimento insuficiente. El pastor tiene que ser un estudiante incansable de la Palabra. Él tiene que traer alimento en abundancia todos los días para su rebaño. Una oveja hambrienta se pone inquieta y se sujeta a desviarse a lugares peligrosos. También hay iglesias que se están llenando con la paja de las tradiciones humanas, en vez de recibir la rica provisión divina. Necesitamos urgentemente un avivamiento en los púlpitos.

En segundo lugar, *pastorear es proteger el rebaño de Dios de los lobos voraces.* Jesús advirtió hacia el hecho de que el enemigo introduce los hijos del maligno en medio del pueblo de Dios, si la iglesia está durmiendo.[40] Pablo advirtió hacia el hecho de que los pastores deben estar vigilantes para que los lobos voraces no penetren en medio del rebaño.[41] Las herejías son los dientes del lobo. Cuando la iglesia deja de cuidar la doctrina apostólica, las novedades del mercado de la fe entran en la iglesia y, en ese paquete, muchas veces, vienen prácticas extrañas a las Sagradas Escrituras. Los pastores tienen que examinar la literatura que está entrando en la iglesia para cerciorarse si está de acuerdo a la Palabra. Los pastores tienen

---

[40] Mateo 13:24,25
[41] Hechos 20:29,30

que analizar las letras de las canciones que son cantadas en la iglesia para no incurrir en equivocaciones doctrinales. Los pastores no deben dar el púlpito de la iglesia a individuos que, reconocidamente, no tienen compromiso con la fidelidad a las Escrituras. Una vez, un domingo por la mañana, yo estaba predicando en la iglesia que pastoreo hace veinte años, cuando una mujer vestida de manera llamativa entró y se sentó en la parte de adelante, en el tercer banco. Mientras predicaba, ella entregó una nota que me entregaron: "El Espíritu Santo me mandó hoy aquí, porque tengo un mensaje de Dios para entregar en esta iglesia hoy". Leí la nota, la coloqué en el bolsillo y terminé mi mensaje, impartí la bendición apostólica y me dirigí a la puerta para saludar a los creyentes. Aquella mujer, ahora irritada, me insultó en la puerta de la iglesia, diciéndome que yo había impedido que el Espíritu Santo le hablara a la iglesia en esa mañana. Entonces, le dije: "El Espíritu Santo le habló a la iglesia, usted fue la que no oyó. Yo prediqué la Palabra de Dios con fidelidad en esta mañana". Y aún le dije: "Yo no la conozco, no sé de donde viene ni para donde va. No sé qué es lo que cree, y tengo responsabilidad por este rebaño; por lo tanto, no puedo entregarle el púlpito a quien no conozco". La señora se fue furiosa y supe que, en esa semana, provocó grandes tensiones en algunas iglesias, subiendo a varios púlpitos, destilando el veneno de peligrosas herejías.

En tercer lugar, *pastorear es tener el gusto por el "olor de oveja"*. La misión del pastor es apacentar. La oveja es un animal que no se puede cuidar a sí mismo. Si ella se separa del rebaño, se vuelve presa fácil de los depredadores. La oveja necesita de pastor, y el pastor necesita estar cerca de la oveja para auxiliarla en sus necesidades. Es el pastor el que lleva hacia los pastos verdes a las ovejas hambrientas, y a las aguas tranquilas, a las sedientas. Es el pastor que pasa por los valles oscuros, dándoles seguridad. Es el pastor que carga en sus brazos la oveja débil y rescata la que cayó en el abismo. Es el pastor que disciplina aquella que pone en riesgo la vida del rebaño.

En cuarto lugar, *pastorear es estimular a las ovejas*. El ministerio pastoral es amplio. El pastor es aquel que enseña, alimenta, orienta, protege, disciplina, fortalece, anima y consuela a las ovejas. Su papel no es quebrar la caña cascada ni apagar el pábilo que humea.[42] El papel del pastor no es intimidar las ovejas ni golpearlas por causa de sus fallas. El pastor actúa con la firmeza de un papá[43] y con la dulzura de una mamá.[44] El pastor usa la vara de la disciplina y también el cayado del rescate. El pastor es alguien que está dispuesto a cargar la oveja en los brazos y a dar su vida por ella. El pastor no sólo necesita tener el gusto de predicar para su rebaño, sino gustarle el rebaño al que le predica. ¡Su función es ser estimulador de aquellos que están a camino de la Canaán Celestial!

Dios da pastores según su corazón (Jr 3:15)

El pastor según el corazón de Dios tiene conciencia de que Dios lo llamó para amar a Cristo y apacentar las ovejas con

---

[42] Mateo 12:20
[43] 1 Corintios 4:14-21
[44] 1 Tesalonicenses 2:7

humildad. El pastor no es el dueño del rebaño. Dios nunca nos pasó un poder transfiriendo el derecho de posesión de la iglesia. La iglesia no es nuestra, sino de Dios. Las ovejas no son nuestras, sino de Dios.

El pastoreo no es un puesto de privilegios, sino una plataforma de servicio. Hay muchos pastores que parecen más dueños de haciendas. Ellos son los dueños de las ovejas, y no pastores de ovejas. Esos pastores miran a las ovejas en términos de lo que les pueden rendir, y no de cómo pueden servirlas. Esos pastores procuran la ganancia, y no el bien de las ovejas. Ellos quieren que las ovejas den la vida por él, en vez de él dar su vida por las ovejas. Hay otros pastores que parecen mercenarios. Esos son los obreros fraudulentos que explotan a las ovejas e intentan aprovecharse de ellas. En vez de invertir el tiempo, el corazón y la vida en la vida de las ovejas, intentan extraer de las ovejas todo lo que pueden. Son pastores de sí mismos, y no pastores del rebaño de Dios.

El pastor según el corazón de Dios apacienta el rebaño bajo el cayado del Supremo Pastor. Ningún pastor apacienta el rebaño de Dios con fidelidad si no ejerce su pastoreo bajo el cayado de Cristo, dando al pueblo la sana doctrina. La instrucción de la verdad tiene que estar en su boca. La enseñanza fiel de las Escrituras tiene que ser el vector de su ministerio. El pastor no es llamado para predicar su visión, ¡sino predicar la Palabra de Dios!

La excelencia con que el pastor debe ejercer su pastorado(Jr 3:15)

Destacamos dos verdades importantes:

En primer lugar, *el pastor debe apacentar el rebaño de Dios con conocimiento.* Debe ser un erudito. Tiene que conocer la Palabra, alimentarse de la Palabra y predicar la Palabra. Pablo dice que deben ser considerados dignos de dobel honor los que se fatigan en la Palabra.[45] Tenemos que estudiar hasta el cansancio. Tenemos que cavar las minas de la verdad y ofrecer al pueblo de Dios las insondables riquezas del evangelio de Cristo. Somos mayordomos: tenemos que ofrecer un menú apetitoso y equilibrado al pueblo de Dios.[46]

Las cátedras seculares avergüenzan los púlpitos, pues, aun predicando un mensaje humano, terrenal y temporal se preparan con más dedicación que los púlpitos, y estos predican un mensaje divino, celestial y eterno. Tenemos que presentarnos como obreros aprobados. Tenemos que realizar el ministerio con un patrón de excelencia. El pastor también tiene que tener un amplio conocimiento general. Tiene que ser un hombre actualizado. Tiene que leer el texto y el contexto. Leer la Biblia y leer el pueblo. Tiene que tener la Biblia en una mano y el periódico en la otra. El pastor no puede ser un hombre ajeno a su mundo y sociedad. Tiene que ser un profundo conocedor de su época.[47] John Stott decía que el sermón que el pastor predica debe ser un puente entre dos mundos: el texto antiguo y el oyente contemporáneo. El pastor tiene que conocer esos dos mundos: tanto el texto como sus oyentes.

---

[45] 1 Timoteo 5:17
[46] 1 Corintios 4:1-3
[47] 1 Crónicas 12:32

En segundo lugar, *el pastor debe apacentar el rebaño de Dios con inteligencia.* Eso significa apacentar el rebaño de Dios con sabiduría y sensibilidad. Sabiduría es usar el conocimiento para las mejores finalidades. Tenemos que tratar a las ovejas de Dios con ternura. Pablo dice que el pastor es como un papá y también como una mamá.[48] El pastor llora con los que lloran y festejan con los que están alegres. El pastor trata a cada oveja de acuerdo con su necesidad, con su temperamento, con su manera peculiar de ser. Él es dócil con los niños como fue Jesús, que los acogió en sus brazos. Él trata a los de su edad como a hermanos y a los mayores como a papás. Una cosa es amar la predicación, otra cosa es amar a las personas a las que predicamos. Debemos amar la predicación y también a las personas a las cuales predicamos.

---

[48]   1 Tesalonicenses 2:7-12

Capítulo 3

La preparación del pastor

Afirmar que estamos viviendo una crisis aguda, agonizante, endémica y sistémica ya no produce impacto en nadie. Sin embargo, afirmar que Elías vivía una crisis más grande que la nuestra nos hace reflexionar. La preparación de Elías para el ministerio profético lanza luz sobre este gran asunto de la preparación del pastor.

Estamos viviendo una profunda crisis institucional. Las comisiones parlamentarias de investigación están abriendo las entrañas infectadas de las instituciones políticas y revelando graves enfermedades. La crisis más grande que tenemos no es económica ni social, sino moral. Estamos viviendo una crisis de integridad. El parlamento está desnudo. El gobierno cabizbajo. La nación está cubierta de vergüenza y oprobio. Nunca la credibilidad política bajó a niveles tan bajos. A pesar de que todavía hay algunos íconos que se mantienen de pie, la falta de crédito en la clase política es avasallador.

Si la crisis política y la crisis moral llegaron a niveles insoportables, la crisis espiritual no es más pequeña. El enriquecimiento ilícito en el nombre de la fe se volvió noticia de gran despliegue en los noticieros. Hombres sin escrúpulos se esconden detrás de los púlpitos y hacen de la iglesia una empresa lucrativa. Ya se acuñó la expresión: "Pequeñas iglesias, grandes negocios; grandes iglesias, utilidades gigantescas".

La nación de Israel estaba en crisis tal cual como en los días del profeta Elías. De los seis reyes que habían antecedido a Acab, dos fueron asesinados y otro se suicidó. En un período de 209 años, Israel tuvo diecinueve reyes en ocho dinastías. Ninguno anduvo con Dios. Sin embargo, Acab fue el peor de todos. Como si eso fuera poco, se casó con la peor mujer del mundo, Jezabel. Ella era asesina, hechicera y mandona. Jezabel fue la mujer que esparció en Israel el culto a Baal y mató a los profetas de Dios.

Es en ese contexto de persecución religiosa, crisis financiera y apostasía espiritual que Dios levantó un hombre. En tiempos de crisis, Dios no levantó una denominación ni un partido, sino un hombre. Acompañemos la vida de ese profeta de Dios en algunos parajes y veamos su retrato.

EL PASTOR EN EL ESCENARIO (1 R 17:1)

Dios levantó a Elías, un hombre desconocido, de un lugar desconocido, para que le llevara un mensaje al rey. El mensaje de Elías es urgente, contundente y poderoso. Su palabra era de juicio divino sobre una nación apóstata. El pueblo de Israel estaba con el corazón dividido, sirviendo a una divinidad pagana y creyendo que las bendiciones divinas provenían de ese ídolo abominable. Baal era el dios de la fertilidad. Si la lluvia no viniera, la credibilidad de esa divinidad pagana caería por tierra. Eso sería romper la espina dorsal de Baal. Y fue lo que hizo Elías. Él oró para que Dios cerrara las compuertas del cielo y retuviera las lluvias, ¡y fue eso exactamente lo que Dios proveyó![49]

Elías no viene de la clase sacerdotal ni viene de la escuela de profetas. Elías no es un hombre rico ni carga medallas de honra al mérito. Su familia es humilde, y su aparición era sin pretensiones. Eso nos enseña que Dios no necesita de estrellas para hacer Su obra; él necesita de hombres dispuestos y obedientes. El origen de Elías es un golpe en el orgullo de los poderosos. Él viene de Tisbit, un lugar oscuro y desconocido. Él viene de ningún lugar. Es un ilustre desconocido, sin títulos, sin diplomas en la pared. No es una figura pública. Uno de los grandes problemas enfrentados por la iglesia evangélica es el pecado de la adulación. Algunos pastores y cantantes son tratados como astros y actores. Son personas altivas a las que les gusta el éxito y están embriagadas por la fama. Son personas que se sienten demasiado importantes y acaban colocando su nido en las estrellas.[50] Existen pastores a los que les gusta ese *glamour* del éxito y se pierden en esa tontería ensandecida.

---

[49] Santiago 5:17
[50] Abdias 3

Elías se presenta a Acab con el mensaje solemne y urgente. Él dice que no va a llover en Israel por tres años y medio, según su palabra.[51] ¿Por qué tanta convicción? El texto no responde. Pero, cuando leemos Santiago 5:17, encontramos que Elías oró con insistencia para que no lloviera y no llovió. De esta manera, aprendemos que Elías asoció el ministerio de la predicación con el ministerio de la oración. Él oró con insistencia para que no lloviera y le entregó el mensaje a Acab. Quien ora predica con poder. Quien ora predica con eficacia. Sólo podemos tener éxito en público si tenemos intimidad con Dios en secreto. Solamente podemos prevalecer ante los hombres si en primer lugar prevalecemos en secreto ante Dios. Elías se levantó ante el rey porque primero se postró ante el Rey de reyes. Sin oración tendremos solamente luz en la mente, pero sin fuego en el corazón. Predicación es lógica con fuego y tiene que venir de un hombre que está ardiendo en llamas, como decía Martin Lloyd-Jones. Wesley decía: "Ponga fuego en su sermón, o ponga su sermón en el fuego". Una de las grandes tragedias de la iglesia evangélica de hoy es que separamos la predicación de la oración. Tenemos gigantes del saber en el púlpito, pero pigmeos en la vida de oración. Tenemos pastores con hambre de libros, pero sin hambre de Dios. Pastores que conocen mucho sobre Dios, pero no conocen la intimidad de Dios. Los apóstoles entendieron que la oración y el ministerio de la Palabra tienen que andar juntos (Hechos 6:4). Es lamentable que el tiempo medio de la vida devocional

---

[51] 1 Reyes 17:1

de los pastores no pase de 15 minutos por día. Eso, en verdad, ¡es una calamidad!

Elías tuvo autoridad de ir ante la presencia de los hombres porque andaba en la presencia de Dios. Elías era un hombre semejante a nosotros: tuvo miedo, sintió soledad, huyó, pidió morir, se deprimió.[52] Pero también Elías aprendió a vivir en la presencia de Dios. La necesidad más grande de la iglesia hoy en día es de pastores que vivan en la presencia de Dios. La necesidad más grande de hoy en día es de pastores que conozcan la intimidad de Dios. Muchos hablan de Dios, pero no lo conocen. Necesitamos desesperadamente de un avivamiento en la vida de los pastores. Necesitamos de un avivamiento en los púlpitos. Tenemos que aprender con Robert Mackeyne, pastor presbiteriano de Escocia que vivió en el siglo 19 y murió con 29 años de edad. Cuando ese joven pastor se levantaba en el púlpito, las personas ya empezaban a llorar, por causa de la gran intimidad que él tenía con Dios. Hoy en día muchos pastores buscan las luces de la fama, les gusta el estrellato, quieren subir las escaleras más altas del éxito, pero nunca se humillaron bajo la poderosa mano de Dios, nunca conocieron las delicias de la intimidad con Dios. Cuando le preguntaron a Dwingh Limann Moody sobre el problema más grande de la obra, él respondió: "el problema más grande son los obreros". Cuando le preguntaron cómo empezar un avivamiento en la iglesia, él respondió: "prenda una hoguera en el púlpito".

---

[52] Santiago 5:17; 1 Reyes 19:1-3

Dios trabaja en la vida del pastor antes de trabajar por medio del pastor (1 R 17:2-5)

Dios trabaja en nosotros, antes de trabajar por nuestro intermedio. Dios saca al profeta del palco, de debajo de las luces del escenario, del estrellato, lo envía al desierto, a la soledad. En el desierto Dios lo prueba. Él nos manda a la soledad del desierto con la finalidad de librarnos del mundo. El desierto no es un accidente, sino una agenda de Dios. Es Dios quien nos manda al desierto. El desierto es la escuela superior del Espíritu Santo, donde Dios entrena sus líderes más importantes. En el desierto, Dios entrena sus obreros para Su obra. La verdad, Dios está más interesado en quienes somos nosotros que en lo que hacemos. Vida con Dios antecede el trabajo para Dios. Dios hizo eso con Pablo; lo sacó de Jerusalén y lo envió a Tarso, donde él pasó diez años en el anonimato. En ese tiempo, Dios estaba trabajando en la vida de Pablo, antes de trabajar por medio de Pablo. Dios no tiene prisa cuando se trata de entrenar sus obreros. Él preparó a Moisés durante ochenta años para usarlo cuarenta años. Dios entrenó a Elías tres años y medio para usarlo un único día, en la cima del monte Carmelo.

En el desierto, tenemos que depender más del proveedor que de la provisión. Además de vivir en la soledad del desierto, Elías debería confiar totalmente en Dios para su sostén. En el desierto, o Dios nos sostiene, o perecemos. Es más fácil confiar en Dios en tiempo de abundancia. Es fácil confiar en Dios cuando estamos en el palco. Pero, ¿qué hacer cuando usted está en el centro de la voluntad de Dios, haciendo lo que Dios le mandó hacer, y, de un

momento a otro, su fuente se seca? Dice 1 Reyes 17:7 que la fuente de Querit se secó. Cuando su fuente se seca, Dios sabe dónde
usted está, hacia dónde usted debe ir y qué debe hacer. Su fuente
puede estar seca, pero las fuentes de Dios continúan brotando.
Su provisión puede haberse acabado, pero su proveedor continúa
siendo su sostén.

A veces la fuente se seca en la vida, en el matrimonio, en las
finanzas, en la salud, en las relaciones interpersonales. Pero,
cuando los recursos de la tierra se acaban, los recursos de Dios
continúan absolutamente disponibles. Permítame compartir con
usted una experiencia personal.

En el año 2000, me fui con mi familia para los Estados
Unidos con la finalidad de hacer un curso de doctorado en el
área de predicación en el seminario Reformado de Jackson, en
el Estado de Mississippi. En esa época, la iglesia en la que soy
pastor hace más de veinte años votó un presupuesto para mi
sostenimiento. Fui con la intención de recibir media beca, lo
que no sucedió. Tuve que pagar colegio para mis hijos para que
mi esposa aprendiera inglés, y aún cargar con todos los gastos
del seminario. En verdad, tenía un déficit en el presupuesto de
1.500 dólares por mes. Con cinco meses, mi reserva personal se
acabó y quedé muy afligido. Llamé a mi esposa y le revelé toda
la situación. Mi coche estaba en un taller y el arreglo costaba
1.350 dólares. Había cuentas por pagar en el colegio, en el
seminario, así como las cuentas de arriendo, agua, teléfono y
luz. Mi esposa y yo nos colocamos delante de Dios en oración y
pedimos al Señor una salida. No queríamos volver para Brasil,

avergonzados y frustrados. En ese mismo día, el teléfono timbró y recibí una invitación para predicar en un congreso en el Estado de Pensilvania. En el último día del congreso, el pastor que dirigía el programa informó al pueblo que yo estaba estudiando en Estados Unidos y que, si alguien quisiera ayudarme, eso sería muy importante para mí. Salí de ese congreso con 5.500 dólares de ofrenda. Un pastor amigo me dijo: "Yo le enviaré 300 dólares por mes hasta que termine su curso".

Regresé a casa llorando y pagué todos mis compromisos. A la siguiente semana recibí una nueva invitación para predicar en New Hampshire. Al terminar un taller, un presbítero colocó una nota en mi Biblia diciendo: "Yo no sé lo que le está sucediendo, pero Dios tocó mi corazón, y me estoy comprometiendo a mandarle 600 dólares por mes hasta que regrese a Brasil". Al fin del congreso me dieron una ofrenda de U$ 2.500. Para resumir, Dios me dio la oportunidad de realizar 21 viajes en 10 Estados diferentes predicando la Palabra y, en cada viaje, el Señor hacía un milagro diferente en mi vida. En cierta ocasión, una mujer hizo un viaje de 60 millas, de noche, bajo nieve, para ir donde me encontraba para entregarme una ofrenda. El día que estaba volviendo para Brasil, fui al banco para cerrar mi cuenta y, para mi sorpresa, el valor exacto de mis reservas que había llevado para Estados Unidos estaba ahí consignado. Con eso aprendí que, cuando nuestros recursos se acaban, los recursos de Dios continúan disponibles. Cuando Dios nos manda para el desierto, tenemos que aprender a depender más del que provee que de la provisión.

EL PASTOR EN EL HORNO DE LA PRUEBA (1 R 17:8-10)

Cuando las cosas parecen difíciles, la tendencia es que empeoren. Dios le dijo a Elías: "Se acabó la práctica en el desierto. Aguante firme, porque lo voy a matricular en una práctica más avanzada. Voy a colocarlo en el horno". Dios sacó a Elías del desierto y lo colocó en el horno, Sarepta significa horno, en un pote resistente a altas temperaturas. Antes de usarlo, Dios lo va a purificar. El fuego sólo quemará la escoria. El horno hace parte de la agenda de Dios en su vida. Él lo ha de matricular en la escuela del quebrantamiento.

El viaje a Sarepta sería muy peligroso, pues, en ese tiempo, Acab estaba buscando a Elías vivo o muerto en Israel y en las naciones vecinas.[53] Sarepta estaba lejos de Querit a más o menos 150 kilómetros, y Elías, a cada paso que daba, corría el riesgo de ser muerto por la policía de Acab.

Dios parece que tiene un buen sentido del humor. Él manda a Elías a Sarepta para que sea sostenido por una viuda. Si Dios hubiera mandado a Elías para que sostuviera a la viuda tendría más sentido. Por lo menos él podría pensar que tendría un ministerio después de salir del escondite. Elías sale de Querit para no morir de sed, y casi muere de hambre en Sarepta, ya que la mujer que debía sostenerlo casi está muriendo de hambre. Cuando la provisión de la tierra se acaba, la provisión del cielo continúa abundante. Los graneros de Dios jamás quedan desocupados. Aquella viuda prueba un milagro en su cocina.

---

[53] 1 Reyes 18:10

Su aceite jamás dejo de chorrear, y su harina jamás faltó en su olla.[54]

En la misma casa que sucede un milagro también sucede una tragedia. El único hijo de aquella viuda enferma y muere, y ella le echa la culpa a Elías. No hay nada que maltrate más un pastor o líder que el ser acusado injustamente. La viuda intentó transferir la responsabilidad de su dolor hacia Elías. Es común que las personas transfieran hacia alguien la responsabilidad de su dolor. Lo espantoso es que Elías no se defiende. Él respetó el dolor de aquella mujer aun sabiendo que ella estaba equivocada. Es fácil ridiculizar a las personas cuando están caídas. Es fácil aplastar a las personas cuando tenemos la razón. Sin embargo, Jesús nos enseñó a no quebrar la caña cascada, no apagar el pábilo que humea.[55] El pastor tiene que ser un hombre sensible. Hay muchos pastores que inflan el pecho, ponen voz de locutor y dicen: "Es mejor estar vivo que muerto". La única palabra que Elías le dijo a la viuda fue: "Transfiera a mis brazos su dolor. Coloque en mis brazos a su hijo muerto".[56]

Elías tomó al niño muerto, lo llevó a su cuarto y cerró la puerta. Allí abrió las compuertas de su alma. Allí habló con Dios. Con eso Elías nos enseña que, si hablásemos más con Dios, nosotros nos defenderíamos menos. Si hablásemos más con Dios, pelearíamos menos. Si hablásemos más con Dios, veríamos más milagros

---

[54] 1 Reyes 17:14-16
[55] Mateo 12:20
[56] 1 Reyes 17:19

de Dios en nuestro ministerio. Si queremos ver a los niños muertos resucitando, tenemos que hablar más con Dios que defendernos de las acusaciones. Elías hace un pedido inédito a Dios. Él pide la resurrección del niño, y Dios lo atiende. Dios puede hacer lo que es imposible a los hombres. Charles Spurgeon dice que también nosotros lidiamos con niños muertos. La muerte espiritual no es menos real o menos trágica que la muerte física. No podemos resucitar a los niños espiritualmente. Solamente el Espíritu de Dios puede dar vida a aquellos que están muertos en sus delitos y pecados. Los muertos espirituales necesitan ser resucitados: tenemos que orar y actuar con la seguridad de que solamente Dios puede traerlos a la vida.

Elías nos enseña otra lección. Él no gana nada con ese espléndido milagro. No llama la atención para sí. No convoca a los medios de comunicación para anunciar lo inédito de ese hecho estupendo. No coloca un *outdoor* en Israel anunciando cuán poderoso era él. No toca trompeta sobre su propio poder. No enciende las luces del palco sobre sí mismo. No se aplaude ni canta para sí mismo *"cuán grande es él"* ante el espejo. ¡Elías comprende que la gloria solamente le pertenece a Dios!

Cuando usted honra a Dios, Dios lo honra a usted. Después del horno viene el reconocimiento. Tan pronto la viuda recibió a su hijo vivo, dijo: "Ahora sé que tú eres un hombre de Dios y que la palabra del Señor venida de tu boca, es la verdad".[57] La necesidad más grande que tenemos como pastores es que seamos

---

[57] 1 Reyes 17:24

hombres de Dios. Otro punto de vital importancia es que seamos la boca de Dios. No todos los pastores que predican la Palabra de Dios son boca de Dios. Muchos pastores predican la verdad, pero esta no produce impacto en los corazones. El profeta Jeremías dice que el hombre que es la boca de Dios separa lo precioso de lo vil.[58] Giezi tomó el báculo profético y lo puso en el rostro del niño muerto, y este no se levantó.[59] El problema no era el báculo, sino quien cargaba el báculo. El báculo profético en la mano de Giezi no funciona. Eso porque una cosa es proferir la Palabra de Dios, otra cosa es ser la boca de Dios. La vida del predicador habla más alto que sus sermones. La vida del ministro es la vida de su ministerio. El pastor es un hombre en fuego. Predicación es lógica en fuego. La parte más importante del sermón es el hombre que está atrás del púlpito.

EL PASTOR COMO GUERRERO ESPIRITUAL (1 R 18:1-19)

Elías asocia la soberanía de Dios con la responsabilidad humana. Dios dice que va a llover,[60] pero Elías ora humilde, perseverante y triunfantemente para que llueva.[61] Lo mismo hizo Daniel en el cautiverio babilónico. La soberanía de Dios no anula la responsabilidad humana. Quien da la lluvia es Dios, pero quien ora para que llueva somos nosotros. Quien elige para salvación es

---

[58]   Jeremías 15:19

[59]   2 Reyes 4:31

[60]   1 Reyes 18:1

[61]   1 Reyes 18:41-46

Dios, pero quien evangeliza somos nosotros. Somos cooperadores de Dios en esa bendita tarea.

Elías anda según la agenda de Dios. Dios manda que Elías aparezca y él aparece. Dios manda que Elías se esconda, y él se esconde. Dios manda que Elías vaya para el horno, y él va. Dios manda que Elías se presente a Acab, y él se presenta. Elías está listo, presto a las órdenes de Dios. Necesitamos simplemente que obedezca: Dios manda, y el universo entero obedece: el sol, el viento, el mal, la mula, el gusano, los demonios, los ángeles. ¿Dios manda que usted haga su obra, y usted es la única persona que, de manera petulante intenta resistir a las órdenes divinas?

Elías confronta al rey,[62] al pueblo[63] y a los profetas de Baal.[64] Él no se amedrenta ni hace negocios con su conciencia. No vende su ministerio. No quiere ser popular, sino fiel. Elías le dice al pueblo que la obediencia dividida es tan equivocada como la idolatría declarada. Elías quitó a Baal del camino de Israel. En el camino de las corrientes de Dios había un obstáculo. Ese monstruoso ídolo se había colocado entre la tierra y el cielo, entre las lluvias y la tierra seca, entre las bendiciones y el pueblo. De nada sirve dar nombres diferentes a Baal, no cambiarlo de lugar. Baal tiene que ser removido. ¡Tenemos que sacar los escombros, antes que el fuego de Dios baje!

---

[62] 1 Reyes 18:18,19
[63] 1 Reyes 18:21
[64] 1 Reyes 18:22-40

Elías, antes de pedir una intervención del cielo, restaura el altar que estaba en ruinas.[65] Hoy hay muchos altares en ruinas. En primer lugar, el altar de la adoración. Hoy hay muchas reuniones, pero poco quebrantamiento; [66] mucha música de celebración, pero poca adoración genuina;[67] mucho dinero en la cuenta de la iglesia, pero poca ofrenda que honre a Jehová.[68] En segundo lugar, el altar de la comunión. Elías juntó doce piedras, símbolo de las doce tribus dispersas, sin unión. Hay amarguras en la iglesia. Hay partidos y grupos en el liderazgo de la iglesia y sus departamentos. En tercer lugar, el altar de la familia. Hay hogares rotos, hay pastores en crisis en el matrimonio. Hay familias pastorales reventadas emocionalmente.

Elías fue un hombre que tuvo la osadía de creer en la manifestación del poder de Dios. El ministerio de Elías fue sellado por la manifestación del poder de Dios. Él no sólo habló del poder, sino que también lo probó. Él vio los cuervos volando a Querit para llevarle alimento.[69] Vio la harina de la viuda multiplicándose.[70] Vio al niño muerto resucitando.[71] Vio el fuego descendiendo[72] y la lluvia cayendo.[73] ¡Él pidió fuego y, cuando el fuego cayó, el pueblo

---

[65] 1 Reyes 18:30
[66] Isaías 1:15
[67] Amós 5:23
[68] Malaquías 1:10
[69] 1 Reyes 17:6
[70] 1 Reyes 17:16
[71] 1 Reyes 17:21,22
[72] 1 Reyes 18:38
[73] 1 Reyes 18:45

también cayó de rodillas![74] Hoy perdimos la expectativa de lo sobre-natural. Nuestra teología es la teología de Marta, del Dios que hizo y del Dios que hará, pero no del que está haciendo y es poderoso para hacer ahora. La iglesia hoy está acostumbrada a un mensaje dirigido apenas a los oídos. También necesitamos un mensaje pre-dicado a los ojos.

EL PASTOR TAMBIÉN TIENE PIES DE BARRO (1 R 19:1-10)

Cuidado con la resaca de una gran victoria. Uno nunca es tan vulnerable como después de una gran victoria. Las victorias de ayer no son garantía del éxito hoy. Todos los días usted tiene que estar lleno del Espíritu. Elías guerrero y gigante ahora teme, huye y se deprime.[75] Elías no era un súper creyente, ni *superman*. Era un hombre común y corriente, igual a nosotros, sujeto a los mismos sentimientos y debilidades.[76] Elías también tenía los pies de barro. Después de la fabulosa victoria en la cima del Carmelo, él bajó al profundo valle de la depresión. Los pastores también se pueden deprimir. La depresión es uno de los asun-tos más mal comprendidos en la iglesia evangélica de la actuali-dad. Muchos pastores lidian con la depresión como si fuera una acción demoniaca. Otros la ven solamente como pecado. Pero la depresión es una enfermedad. Y tiene que ser tratada como tal. La depresión es una enfermedad grave que puede llevar a

---

[74]   1 Reyes 18:39
[75]   1 Reyes 19:1-4
[76]   Santiago 5:17

una persona inclusive al suicidio. John Piper, en su libro *La sonrisa escondida de Dios*, habla de David Brainerd, John Bunyan y William Cowper, hombres de Dios que vivieron graves crisis de depresión. Hoy hay mucho prejuicio y mucho tabú sobre ese problema. Y, con eso, las personas que enfrentan la depresión son discriminadas y atacadas como si estuvieran endemoniadas o viviendo en la práctica de algún pecado. Es posible que una persona esté deprimida en virtud de la acción de demonios o por consecuencia directa de algún pecado escondido. Pero no todas las personas deprimidas son amarradas por esas cadenas. Una persona llena del Espíritu puede estar deprimida, de la misma manera que una persona llena del Espíritu puede tener un problema cardiaco. Dios cuidó de la depresión de Elías y lo curó de su angustia avasalladora.

¿Cuáles fueron las causas de la depresión de Elías? Primero, él miró hacia las circunstancias en vez de mirar hacia Dios.[77] La vida de él dependía de Dios, y no de Jezabel. Su vida depende de Dios y no de los hombres. Segundo, él se alejó de las personas más cercanas en el momento que más necesitaba de ellas.[78] La soledad no es un buen remedio para quien está deprimido. Las personas necesitan de Dios, pero también necesitan de otras personas. Tercero, la autoconmiseración le puso una máscara a su visión de la vida.[79] Elías pensó que estaba solo. Cuarto, el ago-

---

[77] 1 Reyes 19:2,3
[78] 1 Reyes 19:3b
[79] 1 Reyes 19:4,9

tamiento físico – emocional.[80] Elías estaba físicamente cansado y emocionalmente exhausto.

¿Cómo Dios curó la depresión de Elías? Dios usó cuatro maneras. Primero, terapia del sueño.[81] Una persona deprimida no consigue apagar su mente. El cuerpo queda molido, pero la mente no se apaga. Segundo, buena alimentación.[82] Dios alistó una mesa para Elías en el desierto. Tercero, desahogo.[83] Dios mandó que Elías saliera de la cueva, abrir las cámaras del horror de su corazón y exprimir todo el pus por la herida. Cuarto, Dios le mostró una nueva perspectiva del futuro.[84] Elías estaba mirando la vida por el retrovisor. Él miraba con nostalgia el pasado y con desánimo el futuro. Él quería morir, pensando que lo mejor de su vida se había quedado en el pasado. Pero Dios le mostró que su ministerio aún no se había acabado. Él aún tenía que ungir a un rey en Siria, otro en Israel y a un profeta que se quedaría en su lugar. Elías quería morir, pero el plan de Dios era llevarlo para el cielo sin pasar por la experiencia de la muerte.

CUANDO EL PASTOR ES LLAMADO A SU HOGAR (2 R 2:6-12)

Lo mejor de Dios para la vida de Elías estaba por venir. Elías quería morir, pero no sabía lo que estaba pidiendo. Cuando estamos deprimidos, pensamos en la muerte de manera obsesiva. No

---

[80]   1 Reyes 19:4,5
[81]   1 Reyes 19:5
[82]   1 Reyes 19:6
[83]   1 Reyes 19:9
[84]   1 Reyes 19:15-21

porque queremos morir. En verdad, queremos vivir, pero, como no vemos salida a no ser en la muerte, entonces queremos morir. La verdad, sentimos un dolor tan profundo que lo juzgamos más grande que la propia muerte. Por eso, las personas deprimidas coquetean con la muerte. Pero Dios en su bondad no siempre nos da lo que queremos, sino lo que necesitamos. Dios no respondió positivamente a la oración de Elías. Él quería ir al cielo por medio de la muerte, pero Dios lo llevó al cielo por medio del arrebatamiento.

Elías cumplió plenamente su ministerio. Él terminó la carrera y estaba listo para ir a la casa para recibir la recompensa. En la corte de Acab, fue mensajero de Dios. En Querit, fue quebrantado por Dios. En Sarepta, fue modelado por Dios. En el Carmelo, fue usado por Dios. En la cueva, fue restaurado por Dios. Pero, en el Jordán, fue arrebatado por Dios. Elías fue llevado al cielo como un símbolo de la iglesia. En el último día, cuando la trompeta de Dios suene, los muertos en Cristo resucitarán primero, después nosotros, los vivos, los que quedemos, seremos transformados y arrebatados para encontrar al Señor en el aire y, así, estaremos para siempre con el Señor.[85]

Eliseo pidió una porción doble del espíritu de Elías.[86] Cuando Elías fue arrebatado por un carruaje de fuego y subió al cielo en un remolino, la capa de Elías quedó en las manos de Eliseo. Él llegó a la margen del rio Jordán, que se había abierto ante ellos, con

---

[85] 1 Tesalonicenses 4:13-18
[86] 2 Reyes 2:9

una gran pregunta latiendo en su pecho. ¿Será que Dios abrirá el Jordán nuevamente? ¿Será que Dios operará milagros por medio de mi vida también? La pregunta de Eliseo fue enfática: "¿Dónde está el Señor el Dios de Elías?"[87] ¿Será que él es tan sólo el Dios que actuó en la antigüedad? ¿Él actúa hoy? ¿Él también opera maravillas hoy en día? ¿Él reaviva su iglesia hoy en día? ¿Él abre puertas humanas cerradas aun hoy? ¿Él transforma vidas aun hoy? Eliseo lanzó la capa de Elías, y las aguas del Jordán se abrieron. El Dios de Elías es el Dios de Eliseo, es su Dios, mi Dios. El Dios de Elías está aquí. Él es nuestro Dios. Él está en el trono. Él reina. Él es el Dios de la iglesia, de su familia, de su vida.

Nuestra teología, muchas veces, es la teología de Marta. Jesús llegó a la aldea de Betania después que Lázaro ya estaba sepultado hacía cuatro días. Inmediatamente Marta fue lanzando su amargura ante Jesús: "Sí tú hubieras estado aquí, mi hermano no habría muerto". Ella conjugó el verbo en el pasado, Jesús le respondió: "Tu hermano ha de resucitar". Ella le respondió: "Yo sé que él va a resucitar en el último día". Conjugó el verbo en el futuro. Entonces Jesús le dijo: "Marta, yo no fui, ni seré, pero yo soy la resurrección y la vida".

Quiero terminar este capítulo con una pregunta contundente y perturbadora: "¿Dónde están los Elías de Dios?" ¿Los Elías de Dios están aquí? ¿Están en medio nuestro? ¿Usted es un Elías de Dios? ¿Está listo para ser levantado por Dios, entrenado por Dios, modelado por Dios y usado por Dios? ¿Está listo para salir de la

---

[87]   2 Reyes 2:14

cueva y ser poderosamente restaurado por Dios? ¿Está listo para cumplir a cabalidad su ministerio y, oportunamente, ser convocado para ir a la casa?

Capítulo 4

La vida devocional del pastor

L a clase pastoral está en crisis. Crisis vocacional, crisis familiar, crisis teológica, crisis espiritual. Cuando los líderes están en crisis, la iglesia también queda en crisis. La iglesia refleja lo que son sus líderes. No existen líderes neutros. Ellos son una bendición o un problema.

La crisis pastoral es reflejada directamente en el púlpito. Estamos viendo el empobrecimiento de los púlpitos. Pocos son los pastores que se preparan convenientemente para predicar. Predicadores superficiales y secos predican sermones sin poder a auditorios con sueño. También hay muchos pastores que solamente alistan la cabeza, pero no el corazón. Son cultos, pero vacíos. Son intelectuales, pero áridos. Tienen luz, pero no fuego. Tienen conocimiento, pero no tienen unción. Si queremos un reavivamiento genuino en la iglesia evangélica, entonces los pastores son los primeros que tendrán que arreglar su vida con Dios. Cuando el pastor es una leña seca que se prende con el fuego del Espíritu, hasta la leña verde empieza a arder.

Es llegada la hora de que oremos por un avivamiento en la vida de los pastores. Es el momento que pidamos a Dios que nos de pastores según Su corazón. Necesitamos de hombres de Dios en el púlpito. Necesitamos de hombres llenos del Espíritu, de hombres que conozcan la intimidad de Dios. John Wesley decía: "Dame cien hombres que no amen a nadie más que a Dios y no teman nada sino al pecado y con ellos estremeceré el mundo".

EL PASTOR Y SU PIEDAD

Una de las áreas más importantes en la predicación es la vida del predicador. John Stott afirmaba que la práctica de la predicación jamás puede ser divorciada de la persona del predicador.[88] Lo que necesitamos desesperadamente en estos días no es solamente predicadores eruditos, sino, sobretodo, predicadores piadosos. La vida del predicador habla más alto que sus sermones. "Una actitud habla más que mil palabras. Ejemplos influyen más que preceptos".[89] E. M. Bounds describe de la siguiente manera esa realidad:

Volúmenes fueron escritos enseñando detalladamente la mecánica de la preparación del sermón. Nosotros nos volvemos

---

[88] STOTT, John R. W. *I believe in preaching: The preacher as a person*. London, Great Britain: Hodder and Stoughton, 1982, p. 265.

[89] SHAW, John. *The character of a pastor according to God's heart considered*. Morgan, Pennsylvania: Soli Deo Gloria Publications, 1998, p.6.

obcecados con la idea de que esos andamios son el edificio en sí. El joven predicador es enseñado para gastar su fuerza en la forma, estilo y belleza del sermón como un producto mecánico e intelectual. Como consecuencia, cultivamos ese concepto equivocado entre el pueblo y levantamos un clamor por talento, en vez de gracia. Hacemos énfasis en la elocuencia, en vez de la piedad, la retórica, en vez de la revelación, la forma y el desempeño, en vez de la santidad. El resultado es que perdemos la verdadera idea de lo que sea la predicación. Perdemos la predicación poderosa y la punzante convicción del pecado... Con eso no decimos que los predicadores están estudiando demasiado. Algunos de ellos no estudian. Otros no estudian lo suficiente. Muchos no estudian al punto de presentarse como obreros aprobados que no tienen de que avergonzarse (2 Ti 2:15). Pero nuestra gran falta no es con relación a la cultura de la cabeza, sino con la cultura del corazón. No es falta de conocimiento, sino falta de santidad. No es conocer demasiado, sino no meditar lo suficiente sobre Dios y Su Palabra. Nosotros no vigilamos, ayunamos y oramos lo suficiente.[90]

La vida del ministro es la vida de su ministerio. "La predicación poderosa está enraizada en el suelo de la vida del predicador".[91]

---

[90] BOUNDS, E. M. "Power through prayer", em E. M. *Bounds on prayer.* New Kensington, Pennsylvania: Whitaker House, 1997, p. 499.
[91] MARTIN, A. N. *What's wrong with preaching today?* Edinburgh, Pennsylvania: The Banner of Truth Trust, 1992, p. 6.

Una vida ungida produce un ministerio ungido. Santidad es el fundamento de un ministerio poderoso.

R. L. Dabney dice que la primera calificación de un orador sacro es una sincera y profunda piedad.[92] Un ministro del evangelio sin piedad es un desastre. Infelizmente, la santidad que muchos predicadores proclaman es cancelada por la impiedad de su vida. Existe un divorcio entre lo que los predicadores proclaman y lo que viven. Existe un abismo entre el sermón y la vida, entre la fe y las obras. Muchos predicadores no viven lo que predican. Ellos condenan el pecado en el púlpito y lo practican en secreto. Charles Spurgeon dice que "el más maligno siervo de Satanás es el ministro infiel del evangelio".[93]

John Shaw dice que, mientras la vida del ministro es la vida de su ministerio, los pecados son los maestros del pecado. También él afirma que es una falta sin excusa del predicador, cuando los delitos y pecados que él condena en los demás son justamente los que él practica.[94] El apóstol Pablo hace evidente ese peligro:

> Tú, pues, que enseñas a otro, ¿no te enseñas a ti mismo? Tú que predicas que no se ha de hurtar, ¿hurtas? Tú que dices que no se ha de adulterar, ¿adulteras? Tú que abominas de los ídolos,

---

[92] DABNEY, R. L. *Evangelical eloquence: a course of lectures on preaching.* Pennsylvania: The Banner of the Truth Trust, 1999, p. 40.

[93] SPURGEON, Charles Haddon. *Um ministério ideal,* Vol. 2 São Paulo: PES, 1990, p. 65.

[94] SHAW, John. *The character of a pastor according to God's heart considered,* p. 5-6.

¿cometes sacrilegio? Tú que te jactas de la ley, ¿con infracción de la ley deshonras a Dios? Porque como está escrito, el nombre de Dios es blasfemado entre los gentiles por causa de vosotros.[95]

Thielicke afirma que "sería completamente monstruoso para un hombre ser el más alto en oficio y el más bajo en vida espiritual; el primero en posición y el último en vida".[96]

Es muy conocido lo que dijo Stanley Jones: "El enemigo más grande del cristianismo no es el anticristianismo, sino el subcristianismo". El peligro más grande no viene de afuera, sino de dentro. No hay tragedia más grande para la iglesia que un predicador impío e impuro en el púlpito. Un ministro mundano representa un peligro más grande para la iglesia que los falsos profetas y las falsas filosofías. Es un escándalo terrible predicar la verdad y vivir una mentira, llamar al pueblo a la santidad y vivir una vida impura. Un predicador sin piedad es una contradicción, un escándalo inaceptable. Un predicador sin piedad presta un mal trabajo al Reino de Dios.

Ministros sin piedad son el principal impedimento para el crecimiento saludable de la iglesia. Es muy conocido lo que Dwight Moody dijo: "El principal problema de la obra son los obreros". De la misma manera David Eby afirma: "Los predicadores son el real problema de la predicación".[97]

---

[95] Romanos 2:21-24

[96] THIELICKE, Helmut. *Encounter with Spurgeon*. Philadelphia: Fortress Press, 1963, p. 116.

[97] EBY, David. *Power preaching for church growth*. La Habra, California: Mentor Publications, 1998, p. 11.

La falta de piedad es algo terrible, especialmente en la vida de los ministros del evangelio. Pero otro peligro frecuente es la ortodoxia sin piedad. Hay muchos pastores predicando sermones bíblicos, doctrinas ortodoxas, pero sus sermones son secos y sin vida. E. M. Bounds dice que la predicación que mata puede ser, y en general es, dogmática, inviolablemente ortodoxa. La ortodoxia es buena. Ella es lo mejor. Pero nada es tan muerto como una ortodoxia muerta.[98]

Infelizmente, muchos ministros solamente tienen la apariencia de piedad. Ellos profesan una fe ortodoxa, pero viven una vida espiritual pobre. Ellos no tienen vida devocional. No tienen vida de oración. Apenas hacen oraciones rituales y profesionales. Sin embargo, oraciones profesionales solamente ayudan a que la predicación haga su trabajo de muerte. Oraciones profesionales, dice E. M. Bounds, "vuelven insensible y matan la predicación así como la misma oración".[99] Es triste tener que admitir que pocos ministros tienen algún hábito devocional sistemático y personal.[100] Lo que el pastor es en secreto, delante del Dios Todopoderoso, es lo que él es y nada más.

E. M. Bounds escribe:

El hombre, el hombre por completo está por detrás del sermón. Predicación y actuación de una hora. Al contrario, es

---

[98] BOUNDS, E. M. *"Power through prayer"*, p. 474.

[99] BOUNDS, E. M. *"Power through prayer"*, p. 476.

[100] MARTIN, A.N. *What's wrong with preaching today?*, p. 8.

producto de una vida. Pasan veinte años para hacer un sermón, porque se gastan veinte años para hacer un hombre. El verdadero sermón es algo vivo. El sermón crece, porque el hombre crece. El sermón es vigoroso. El sermón es santo, porque el hombre es santo. El sermón está lleno de unción divina, porque el hombre está lleno de la unción divina.[101]

Martyn Lloyd-Jones comentando sobre Robert Murray McCheyne, de Escocia, en el siglo 19, dice:

> Es comúnmente conocido que, cuando él aparecía en el púlpito, aun antes de que él dijera una única palabra, el pueblo ya empezaba a llorar silenciosamente. ¿Por qué? Por causa de ese elemento de seriedad. Todos tenían la absoluta convicción de que él subía al púlpito viniendo de la presencia de Dios y trayendo una palabra de parte de Dios para ellos.[102]

El propio Robert Murray McCheyne resume este tópico en estas palabras: "No es a grandes talentos que Dios bendice de manera especial, sino a la gran semejanza con Jesús. Un ministro santo es una poderosa y tremenda arma en las manos de Dios".[103]

---

[101] BOUNDS, E. M. *"Power through prayer"*, p. 468-69.
[102] LLOYD-JONES, Martin. *Preaching & Preachers*. Grand Rapids, Michigan: Zondervan Publishing House, 1971, p. 86.
[103] BONAR, Andrew. *Memoirs of McCheyne*. Chicago, Illinois: Moody Press, 1978, p. 95.

EL PASTOR Y SU VIDA DE ORACIÓN

El pastor debe ser primeramente un hombre de oración y ayuno. La relación del pastor con Dios es la insignia y la credencial de su ministerio público. "Los predicadores que prevalecen con Dios en la vida personal de oración son los más eficaces en sus púlpitos cuando hablan a los hombres".[104]

La oración tiene que ser prioridad tanto en la vida del pastor como en la agenda de la iglesia. Se mide la profundidad de un ministerio no por el éxito delante de los hombres, sino por la intimidad con Dios. Se mide la grandeza de una iglesia no por la belleza de su edificio o por la pujanza de su presupuesto, sino por su poder espiritual por medio de la oración. En el siglo 19, Charles Haddon Spurgeon dijo que, en muchas iglesias, la reunión de oración era apenas el esqueleto de una reunión, en que las personas no iban más. Él concluyó: "Sí una iglesia no ora, ella está muerta".[105]

Infelizmente, muchos pastores e iglesias abandonaron el alto privilegio de una vida abundante de oración. Hoy gastamos más tiempo con reuniones de planeamiento que en reuniones de oración. Dependemos más de los recursos de los hombres que de los recursos de Dios. Confiamos más en la preparación humana que en la capacitación divina. Consecuentemente,

---

[104] BOUNDS, E. M. *"Power through prayer"*, p. 481.

[105] SPURGEON, Charles Haddon. *Gems from Spurgeon*, ed. James Alexander Stewart. Ashville, North Caroline: Revival Literature, 1966, p. 10.

hemos visto a muchos pastores eruditos en el púlpito, pero oímos una multitud de mensajes débiles. Muchos pastores predican sermones eruditos, pero sin el poder del Espíritu Santo. Ellos tienen luz en su mente, pero no tienen fuego en el corazón.[106] Tienen erudición, pero no tienen poder. Tienen hambre por libros, pero no hambre de Dios. Aman el conocimiento, pero no buscan la intimidad con Dios. Predican para la mente, pero no para el corazón. Tienen una buena actuación ante los hombres, pero no delante de Dios. Gastan mucho tiempo preparando sus sermones, pero no preparando su corazón. La confianza de ellos está afirmada en la sabiduría humana, y no en el poder de Dios.

Hombres secos predican sermones secos, y sermones secos no producen vida. E. M. Bounds afirma que "hombres muertos predican sermones muertos, y sermones muertos matan". [107] Sin oración no existe predicación poderosa. Charles Spurgeon dice: "Todas nuestras bibliotecas y estudios son mero vacío comparadas con nuestra sala de oración. Crecemos, luchamos y prevalecemos en la oración privada".[108] Arturo Azurdia cita a Edward Payson, afirmando que "es en el lugar secreto de oración que la batalla se gana o se pierde".[109] La oración tiene una importancia trascendente, porque es el más poderoso instrumento para

[106] LLOYD-JONES, Martin. *Preaching & Preachers*, p. 97.
[107] BOUNDS, E. M. *"Power through prayer"*, p. 469.
[108] THIELICKE, Helmut. *Encounter with Spurgeon*, p. 117.
[109] AZURDIA, Arturo G. *Spirit empowered preaching: Involving the Holy Spirit in your ministry*. Fearn, Great Britain: mentor, 1998, p. 139.

promover la Palabra de Dios.[110] Es más importante enseñar a un estudiante a orar que a predicar.[111]

Si deseamos ver la manifestación del poder de Dios, si deseamos ver vidas siendo transformadas, si deseamos ver un crecimiento saludable de la iglesia, entonces, debemos orar regular, privada, sincera y poderosamente. El profeta Isaías dice que nuestra oración debe ser perseverante, con expectativa, que confía, sin interrupciones, importuna y victoriosa.[112] El infierno tiembla cuando una iglesia se dobla ante el Señor Todopoderoso para orar. La oración mueve la mano omnipotente de Dios. "Cuando trabajamos, trabajamos; pero cuando oramos, Dios trabaja".[113] La oración no es lo opuesto al trabajo. Ella no paraliza la actividad. En lugar de eso, la oración es en sí misma el trabajo más grande; ella trabaja poderosamente. Ella desemboca en actividad, estimula el deseo y el esfuerzo.

La oración no es un opio, sino un tónico; no es un calmante para dormir, sino el despertar a una nueva acción. Un hombre perezoso no ora y no puede orar, porque la oración demanda energía. El apóstol Pablo considera la oración como una lucha, y una lucha antagónica.[114] Para Jacob, la oración fue una lucha con

---

[110] BOUNDS, E. M. *"Purpose in prayer"*, p. 57.

[111] LARSEN, David. *The anatomy of preaching: Identifying the issues in preaching today.* Grand Rapids, Michigan: Baker Book House, 1989, p. 53-54.

[112] Isaías 62:6,7

[113] HYBELS, Bill. *Ocupado demais para deixar de orar*, São Paulo, Hagnos, 2010, p.

[114] Romanos 15:30

el Señor. La mujer sirofenicia luchó con el Señor por medio de la oración hasta que salió victoriosa.

David Eby, comentando sobre la importancia de la oración en la vida del pastor, dice: "La oración es el camino de Dios para enseñar al pastor a depender del poder de Dios. Oración es la avenida de Dios para que los pastores reciban gracia, intrepidez, sabiduría y amor para ministrar la Palabra".[115]

Muchos predicadores creen en la eficacia de la oración, pero pocos predicadores oran. Muchos ministros predican sobre la necesidad de la oración, pero no oran. Ellos leen muchos libros sobre la oración, pero no oran. Ellos tienen buenos postulados teológicos sobre la oración, pero no tienen hambre de Dios.[116] En muchas iglesias las reuniones de oración están agonizando.[117] Las personas están muy ocupadas para orar. Ellas tienen tiempo para viajar, trabajar, leer, descansar, ver televisión, hablar sobre política, deportes y teología, pero no gastan tiempo orando. Consecuentemente, tenemos, a veces, gigantes del conocimiento en el púlpito, pero pigmeos en el lugar secreto de oración. Dichos predicadores conocen mucho sobre Dios, pero conocen muy poco a Dios.

Predicación sin oración no provoca impacto. Sermón sin oración es sermón muerto. No estaremos preparados para predicar mientras no oramos. Lutero tenía un dicho: "Aquel que oró bien, estudió

[115] EBY, David. *Power preaching for church growth*, p. 43.
[116] MARTIN, A.N. *What's wrong with preaching today?*, Pp. 11-14.
[117] HULSE, Errol. *Give Him no rest*. Darling, England: Evangelical Press. 1991: p.85.

bien".[118] David Larsen cita a Karl Barth: "Sí no hay gran agonía en nuestro corazón, no habrá grandes palabras en nuestros labios".[119]

Realizar la obra de Dios sin oración es ser presumidos. Nuevos métodos, planes y organizaciones para llevar a la iglesia al crecimiento saludable sin oración no son métodos de Dios. "La iglesia está buscando mejores métodos; Dios está buscando mejores hombres".[120] E. M. Bounds comenta de manera correcta:

> Lo que la iglesia necesita hoy no es de más y mejores mecanismos, ni de una nueva organización o más y nuevos métodos. La iglesia necesita de hombres a los cuales el Espíritu Santo pueda usar, hombres de oración, hombres poderosos en oración. El Espíritu Santo no fluye por medio de métodos, sino por medio de hombres. Él no viene sobre mecanismos, sino sobre hombres. ¡Él no unge planes, sino hombres, y hombres de oración![121]

La predicación poderosa requiere oración. La predicación ungida y el crecimiento de la iglesia requieren oración. David Eby también exhorta:

> Pastor, usted debe orar. Orar mucho. Orar intensa y seriamente. Orar cuidadosa y entusiastamente. Orar con propósito y

[118] BOUNDS, E. M. *"Purpose in prayer"*, p. 486.
[119] LARSEN, David. *The anatomy of preaching: Identifying the issues in preaching today*, p. 53.
[120] BOUNDS, E. M. *"Purpose in prayer"*, p. 467.
[121] BOUNDS, E. M. *"Purpose in prayer"*, p. 468.

determinación. Orar por el ministerio de la Palabra en el rebaño y en su comunidad. Orar por su propia predicación. Movilice y reclute a su pueblo para orar por su predicación. Predicación poderosa no sucederá aparte de nuestra propia oración. Se necesita de oración constante, objetiva, intensa y abundante. La predicación se vuelve poderosa cuando un pueblo débil ora humildemente. Este es el gran mensaje del libro de Hechos. El tipo de predicación que produce el crecimiento de la iglesia viene por la oración. Pastor, dedíquese a la oración. Continúe en oración. Persista en oración por amor de la gloria de Dios en el crecimiento de la iglesia.[122]

Spurgeon veía las reuniones de oración de los lunes en el tabernáculo metropolitano de Londres como el termómetro de la iglesia. Por varios años, una gran parte del principal auditorio y de la primera galería quedaban completamente llenas en las reuniones de oración. En el concepto de Spurgeon, la reunión de oración era "la más importante reunión de la semana".[123] Spurgeon atribuyó la señal de la bendición de Dios sobre su ministerio en Londres a la fidelidad de su pueblo orando por él.[124]

Dwight L. Moody, fundador del Instituto Bíblico Moody, vio a Dios actuando con gran poder generalmente cuando

---

[122] EBY, David. *Power preaching for church growth*, p. 44.
[123] ROSSCUP, James E. 1992, p.84.
[124] LARSEN, David. *The anatomy of preaching: Identifying the issues in preaching today*, p. 55.

otras personas oraban por sus reuniones en Estados Unidos y
más allá. A. R. Torrey predicó en muchos países y vio grandes
manifestaciones del poder de Dios. Él dijo: "Ore por grandes
cosas, espere grandes cosas, trabaje por grandes cosas, pero por
encima de cualquier cosa, ore".[125] La oración es la clave que abre
todos los tesoros de la infinita gracia y poder de Dios.

El pastor y su estudio de la Palabra

Sin una profunda dedicación a los estudios es imposible ser un
predicador bíblico eficaz. "El predicador debe ser un estudiante".[126]
John MacArthur dice que un predicador expositivo debe ser un
estudiante diligente de las Escrituras,[127] Y Juan Calvino afirma
que el predicador tiene que ser un erudito.[128] Charles Haddon
Spurgeon dice que "aquel que para de aprender también para
de enseñar. Aquel que no siembra en sus estudios, no cosecha
en el púlpito".[129] Pero, el predicador que estudia siempre tendrá

[125] MARTIN, Roger. R. A. Torrey, *Apostle of certainty*. Murfreesboro, Tennessee: Sword of the Lord, 1976, p. 166.

[126] VINES, Jerry. *A practical guide to sermon preparation*. Chicago, Illinois, Moody Press. 1985, p.47.

[127] MACARTHUR, John Jr. *Rediscovering expository preaching*. Dalla, Texas, Wordly Publishing. 1992, p. 209.

[128] PARKER, T. H. *Calvin's preaching*. Louisville, Kentucky, Westminster John Knox Press, 1992, p. 37.

[129] SPURGEON, Charles Haddon. *An all-round ministry: A collection of addresses to ministers and students*. London, Banner of truth trust, 1960, p. 236.

sermones llenos de verdor para predicar. Charles Koller afirma que "un predicador jamás mantendrá el interés de su pueblo si él predica solamente de la plenitud de su corazón y del vacío de su cabeza".[130]

El pastor se enfrenta al peligro constante de la pereza en las cuatro paredes de su oficina.[131] La orden del apóstol es muy pertinente: "Procura con diligencia presentarte a Dios aprobado, como obrero que no tiene de qué avergonzarse, que usa bien la palabra de verdad".[132] La Biblia es el gran e inagotable depósito de la verdad cristiana, una mina inmensa e inagotable de oro.[133] Juan Wesley reveló su compromiso con las Escrituras. Él dijo: "¡Oh, dame el libro! Por cualquier precio, ¡dame el libro de Dios! En él hay un conocimiento suficiente para mí. Permítanme ser el hombre de un libro".[134] "Spurgeon dijo de Bunyan: "córtelo en cualquier lugar y descubrirá que su sangre está llena de Biblia. La esencia misma de la Biblia fluirá de él. No puede hablar sin citar un texto, porque su alma está llena de la Palabra de Dios".[135]

---

[130] KOLLER, Charles. *How to preach without notes*. Grand Rapids, Michigan, Baker Books House, 2001, p. 44.

[131] VINES, Jerry. *A practical guide to sermon preparation*. Chicago, Illionois, Moody Press, 1985, p. 51.

[132] 2 Timoteo 2:15

[133] KOLLER, Charles. *How to preach without notes*, p. 45.

[134] PIPER, John. *The supremacy of God in preaching*. Grand Rapids, Michigan, Baker Books House, 1190, p. 42.

[135] PIPER, John. *The supremacy of God in preaching*. P, 43.

El predicador no sólo debe leer la Palabra, sino también el mundo que le rodea, tiene que leer el texto antiguo y la nueva sociedad a su alrededor. John Stott dice que "hay que estudiar tanto el texto antiguo como la escena moderna, tanto la Escritura como la cultura, tanto la Palabra como el mundo".[136]

W. A. Criswell, uno de los más grandes predicadores expositivos del siglo 20, pastor de la Primera Iglesia Bautista de Dallas, una iglesia con más de 20.000 miembros, dice que el púlpito requiere estudio constante, sin lo cual ningún predicador puede atender a las necesidades de su pueblo. Ningún hombre puede satisfacer las demandas de un púlpito si no estudia de manera constante y seria.[137] Como un predicador que expuso toda la Biblia, desde Génesis hasta Apocalipsis en su iglesia, Criswell advierte que el ministro debe ser un estudiante en todas partes. Él debe consagrar una parte específica de cada día para dedicarse al estudio privado de manera sistemática. El predicador debe estar lleno de la verdad de Dios; si el mensaje tiene un pequeño costo para el predicador, también tendrá un valor pequeño para la congregación.[138] Criswell da su evaluación de la predicación contemporánea:

> No hay duda de que la mayoría de los sermones es una sopa tan simple, hecha con los mismos huesos durante todo el

[136] PIPER, John. *The supremacy of God in preaching.* P, 201.
[137] CRISWELL, W. A. *Criswell guidebook for pastors.* Nashville, Tennessee, Broadman Press, 1980, p. 64.
[138] CRISWELL, W. A. *Criswell guidebook for pastors,* p. 64-65.

año. Muchos predicadores usan *slogans* vacíos de significado. El mensaje de muchos púlpitos es banal y común. Muchos predicadores están cansados de su modo de predicar, ya que ellos mismos no tienen el fuego ni el entusiasmo ni el cuidado, o ninguna expectativa. Nuestra predicación debe alcanzar continuamente nuevas profundidades, en la gracia y la verdad, y la nueva altura de la frescura en el contenido. Sin esta presentación firme y consistente de la enseñanza de la santa Palabra de Dios, nuestro pueblo caerá en todo tipo de error, en muchas conocidas herejías, y se convertirán en presa fácil para cualquier demagogia eclesiástica que flota en el mercado religioso.[139]

Infelizmente, hay muchos predicadores sin preparación en el púlpito. Jay Adamns comenta:

Buena predicación exige preparación. De oír sermones y hablar con centenas de predicadores sobre predicación, estoy convencido de que la razón principal, que es responsable por la predicación pobre de nuestros días, es el fracaso de los predicadores de dedicar tiempo adecuado con más esfuerzo y energía en la preparación de sus sermones. Muchos predicadores, quizás incluso hasta la mayoría de ellos, simplemente no gastan tiempo suficiente en sus sermones.[140]

[139] CRISWELL, W. A. *Criswell guidebook for pastors*, p. 66.
[140] ADAMS, Jay. "Editorial: Good preaching is hard work", em *The journal of pastoral practice* (4, number 2), 1980, p. 1.

Vivimos en un tiempo de predicación pobre, aguada y mal preparada.[141] El predicador no puede vivir alimentándose de leche descremada durante la semana y predicar crema pura el domingo.[142]

Infelizmente, la tendencia contemporánea está inclinada a remover la centralidad de la Palabra de Dios a favor de la liturgia.[143] El culto está siendo transformado en un festival musical, en el que el sonido y los colores tomaron el lugar del púlpito; los cantantes tomaron el lugar del predicador, y la actuación el lugar de la unción. La falta de atención a la predicación de la Palabra es una señal de la superficialidad de la religión en nuestros días. "Sermoncitos" generan "cristianitos".[144] "Un cristianismo de pequeños sermones es un cristianismo de poca fibra".[145] ¡Oh como debemos orar para que los predicadores sean hombres de Palabra!

EL PASTOR NECESITA DE REVESTIMIENTO DE PODER

Solamente el Espíritu Santo puede aplicar la obra de Dios en el corazón del hombre. Solamente el Espíritu Santo puede transformar

---

[141] EBY, David. *Power preaching for church growth*, p. 11.

[142] VINES, Jerry. 1985, p. 51.

[143] FRAME, John M. *Worship in spirit and truth: A refreshing study of the principles and practice of biblical worship.* Phillipsburg, New Jersey, P&R Publishing, 1996, p. 92.

[144] STOTT, John. *Between two words – the art of preaching in the twentieth century*, p. 7,294.

[145] FORSYTH, P. T. *Positive preaching and the modern mind.* Rondon, independent press, 1907, p. 109-10.

corazones y producir vida espiritual. "Ninguna elocuencia o retórica humana podrá convencer hombres muertos en sus delitos y pecados sobre la verdad de Dios".[146] Charles Spurgeon declara:

> Si me esforzase para enseñar a un tigre sobre las ventajas de ser vegetariano, habría más esperanza en mi esfuerzo que en intentar convencer a un hombre no regenerado sobre las verdades reveladas de Dios concernientes al pecado, a la justicia y al juicio venidero. Esas verdades espirituales son repugnantes a los hombres carnales, y una mente carnal no puede recibir las cosas de Dios.[147]

Sin unción del Espíritu Santo, nuestros sermones se volverán sin vida y sin poder. Es el Espíritu quien aplica la Palabra. La Palabra no opera aparte del Espíritu.[148] Spurgeon, en esa misma línea de raciocinio, da su consejo a los predicadores: "Debemos depender del Espíritu en nuestra predicación".[149] Spurgeon siempre subía los quince peldaños de su pulpito diciendo: "Creo en el Espíritu Santo".[150] Arturo Azurdia sabiamente declara:

---

[146] AZURDIA, Arturo G. *Spirit empowered preaching: Involving the Holy Spirit in your ministry*, p. 14.

[147] SPURGEON, Charles Haddon. *An all-round ministry: A collection of addresses to ministers and students*, p. 322.

[148] SIEBBES, Richard. *Works of Richard Sibbes*. Vol. 7. Carlisle, Pennsylvania, The Banner of Truth Trust, 1978, p. 199.

[149] SPURGEON, Charles Haddon. *Gems from Spurgeon*. Ed. By James Alexander Stewart. Ashville, North Caroline: *Revival literature*, 1966, p. 12.

[150] STOTT, John. *Between two words – the art of preaching in the twentieth century*, p. 334; AZURDIA, Arturo G. *Spirit empowered preaching: Involving the Holy Spirit in your ministry*, p. 112.

El objetivo de la predicación es diferente de cualquier otro discurso público. El sermón tiene objetivos más profundos. Él puede, mediante el poder del Espíritu, renovar corazones. Si falla en ese intento, habrá fracasado completamente. Y él siempre fallará si no va acompañado del poder de lo alto. La renovación del alma es lo que ningún hombre, con toda su riqueza de aprendizaje, erudición y poder de comunicación puede hacer. Esa obra no es hecha ni por fuerza, ni por poder, sino por el Espíritu de Dios.[151]

La unción viene por medio de una vida de oración. Otras cosas preciosas son dadas al predicador por medio de la oración y algo más, pero la unción solamente viene de una vida de oración. Nada revela tanto la pobreza de nuestras oraciones en lo secreto que la ausencia de unción del Espíritu en nuestra vida y predicación. Una bonita predicación, retóricamente bien elaborada, exegéticamente meticulosa, teológicamente consistente en general revela la erudición y la capacidad del predicador. Pero solamente la unción del Espíritu Santo revela la presencia de Dios.[152] Aparte de la capacitación del Espíritu Santo en el acto de la proclamación, la mejor técnica de retórica fracasará totalmente en su objetivo de transformar a aquellos a los cuales les predicamos.[153]

---

[151] AZURDIA, Arturo G. *Spirit empowered preaching: Involving the Holy Spirit in your ministry*, p. 116.

[152] SANGTER, W. E. *Power in preaching*, Nashville, Tennessee, Abingdon Press, 1958, p. 107.

[153] AZURDIA, Arturo G. *Spirit empowered preaching: Involving the Holy Spirit in your ministry*, p. 12-13.

Todas las cosas en su ministerio de predicación dependen de la presencia, del poder y de la plenitud del Espíritu. La elocuencia puede ser aprendida, pero la unción debe ser recibida de lo alto. Los seminarios pueden enseñar a los estudiantes a ser grandes oradores, pero solamente el Espíritu Santo puede capacitarlos para ser predicadores llenos de poder. Libros de homilética pueden ayudar a los predicadores a preparar mejor sus sermones, pero solamente el Espíritu Santo puede preparar eficazmente a los predicadores. "Unción no se aprende a través de retórica. No se consigue a través de la imitación de otros predicadores. Solamente el Espíritu Santo puede conceder unción al predicador."[154] La unción representa la efusión del Espíritu. Esto no es idéntico a la mera animación. No toda pasión en el predicador constituye unción.[155] Así como los santos sentimientos sugieren una obra interior del Espíritu, la unción enfatiza la manifestación externa del revestimiento de poder.[156]

El apóstol Pablo predicó bajo la influencia y el poder del Espíritu Santo. Él mismo testifica: *"Pues nuestro evangelio no llegó a vosotros en palabras solamente, sino también en poder, en el Espíritu Santo y en plena certidumbre".*[157] A la iglesia de Corinto, Pablo

---

[154] DABNEY, R. L. *Evangelical Eloquence: A Course of Lectures on Preaching*, p. 117.

[155] DABNEY, R. L. *Evangelical Eloquence: A Course of Lectures on Preaching*, p. 116.

[156] OLFORD, Stephen F. *Anointed Expository Preaching*. Nashville, Tennessee: Broadman & Holman Publishers, 1998, p. 217.

[157] 1Tesalonicenses 1.5.

le dice: "Y *ni mi palabra ni mi predicación fue con palabras persuasivas de humana sabiduría, sino con demostración del Espíritu y de poder*".[158]

Jesús dependió del Espíritu Santo desde su concepción y nacimiento[159] hasta su muerte en la cruz[160] y a través de todo su ministerio.[161] Él amonestó a sus discípulos a no comenzar el ministerio hasta que fueran primeramente revestidos con el poder de lo alto.[162] La iglesia de Hechos capítulo 1 es la iglesia de las puertas cerradas. La descripción de aquella iglesia es bien parecida con la mayoría de las iglesias de hoy: a las personas les agrada la comunión, las oraciones, el estudio de la Palabra, la elección de oficiales. Pero, cuando el Espíritu Santo descendió sobre los creyentes el día del Pentecostés, las puertas fueron abiertas, y la iglesia de Dios comenzó a impactar la ciudad y el mundo.[163]

Las Escrituras repetidamente revelan la estrecha conexión entre la venida del Espíritu Santo y la subsiguiente proclamación de la Palabra de Dios.[164] En el libro de los Hechos, Lucas menciona

---

[158] 1Coríntios 2:4
[159] Lucas 1:35
[160] Hebreos 9:14
[161] Hechos 10:38
[162] Lucas 24:49
[163] WIERSBE, Warren. *The Dynamics of preaching.* Grand Rapids, Michigan: Baker Book House, 1999, p. 104-105.
[164] Números 11:29 2 Samuel 2:2 2 Crónicas 24.0; Nehemías 9:30; Ezequiel 11:5.

el poder del Espíritu Santo en conexión con el testimonio del evangelio por los discípulos.[165]

Muchos predicadores e iglesias perdieron la unción del Espíritu Santo. Muchas iglesias tienen influencia política, riqueza, erudición, buena organización, bellos templos, sofisticada tecnología, pastores eruditos, pero no tienen poder. La obra de Dios no se realiza a través de la fuerza y de la inteligencia humana, sino a través del poder del Espíritu Santo.[166]

Los predicadores generalmente se rehúsan a admitir que están vacíos del poder de Dios. Sin embargo, como ellos quieren impresionar a las personas, buscan sustitutos para ese poder, comprando un nuevo sistema de sonido para la iglesia, modificando la liturgia del culto para provocar impresiones más fuertes en el auditorio, introduciendo nuevos programas para sustituir la ineficacia de la predicación, predicando sermones más cortos, dando mayor énfasis a la actuación de los grupos musicales.[167] Alex Montoya comenta que esas cosas no sustituyen la falta de la presencia y operación del Espíritu Santo en nuestra vida. Elementos artificiales no pueden dar vida a un sermón muerto predicado por un predicador destituido del Espíritu.[168] Si queremos alcanzar los oídos de los santos y de los pecadores, lo que más necesitamos en

---

[165] Hechos 1:8; 2:1-14; 4:8; 4.31; 6:3,8,10; 8:4-8; 9.17-22; 11:24-26; 13:1-5, 9-12.
[166] Zacarías 4:6.
[167] MONTOYA, Alex. *Preaching with Passion*. Grand Rapids, Michigan: Kregel Publications, 2000, p. 22.
[168] MONTOYA, Alex. *Preaching with Passion*, p. 22-23.

nuestro ministerio es la unción del Espíritu Santo.[169] Nada supera la importancia de la unción del Espíritu en la vida del predicador. "Cuidadosa preparación y unción del Espíritu Santo jamás deben ser consideradas alternativas, sino como dos elementos absolutamente necesarios que se complementan el uno al otro."[170]

El gran evangelista Dwight Moody recibió una unción especial para predicar la Palabra de Dios después que dos humildes mujeres metodistas oraron por él en Chicago. Ellas le dijeron: "Usted necesita el poder del Espíritu Santo". A continuación, él les pidió que oraran con él y no simplemente por él. Poco tiempo después las oraciones de aquellas mujeres fueron respondidas cuando Moody estaba en New York. El propio Moody relata su experiencia:

> Yo estaba clamando todo el tiempo para que Dios me ungiera con su Espíritu. Pues bien, un día, en la ciudad de Nueva York, -¡oh, qué día! Yo no puedo describirlo... Puedo solamente decir que Dios se reveló a mí y tuve tal experiencia de su amor que tuve que pedirle que suspendiera su mano sobre mí. Después de ese día yo continué predicando. Los sermones no eran diferentes; yo no prediqué ninguna nueva verdad, pero centenares de personas fueron convertidas. Si alguien me ofreciera el mundo entero para volver a vivir de la misma manera que viví antes de esa bendita experiencia, yo despreciaría esa propuesta y la consideraría sólo como polvo en una balanza.[171]

[169] OLFORD, Stephen F. *Anointed Expository Preaching*, p. 227.
[170] LLOYD-JONES, Martyn. *Preaching & Preachers*, p. 305.
[171] DUEWEL, Wesley L. *Ablaze for God*. Grand Rapids, Michigan: Zondervan Publishing House, 1989, p. 302-303.

Lo que Dios hizo en la vida de muchos predicadores en el pasado como Lutero, Calvino, Hugh Latimer, John Bradford, George W. Whitefield, John Wesley, Howel Harris, Daniel Howland, Jonathan Edwards, Dwight Moody y otros, lo puede hacer nuevamente. Martyn Lloyd-Jones escribe sobre la urgente necesidad de buscar el Espíritu Santo y su poder. Él dice:

> ¿Qué haremos frente a estas cosas? Sólo existe una conclusión obvia. ¡Busquemos el Espíritu Santo! ¡Busquémoslo! ¿Qué podríamos hacer nosotros sin él? ¡Busquémoslo! Busquémoslo siempre. Pero debemos ir más allá de buscarlo, debemos esperarlo... La unción del Espíritu es nuestra suprema necesidad. Busquémoslo hasta encontrarlo. No se contente con nada menos que la unción del Espíritu. Continúe hasta que pueda decir: "Mi palabra y mi predicación no consistirán en lenguaje persuasivo de sabiduría, sino en demostración del Espíritu y de poder". Dios aún es y siempre será poderoso para hacer infinitamente más de lo que pedimos o pensamos de acuerdo a su poder que opera en nosotros.[172]

EL PASTOR DEBE DEMOSTRAR PROFUNDA PASIÓN EN LA PREDICACIÓN DE LA PALABRA

¡Predicación es lógica en fuego! ¡Predicación es razón elocuente! Predicación es teología en fuego. Predicación es teología venida a través de un hombre que está en fuego.[173] John

---

[172] LLOYD-JONES, Martyn. *Preaching & Preachers*, p. 325.
[173] LLOYD-JONES, Martyn. *Preaching & Preachers*, p. 97.

Stott comenta que Martyn Lloyd-Jones puso el dedo sobre un punto crucial. Para que la predicación tenga fuego, el predicador debe tener fuego, y ese fuego sólo puede venir del Espíritu Santo. Nuestros sermones jamás prenderán fuego a menos que el fuego del Espíritu Santo queme en nuestro propio corazón.[174] "Cuando estemos apasionados por Dios, nuestra predicación será llena de pasión".[175] La luz y el fuego, la verdad y la pasión deben andar juntos. Cuando Jesús expuso la verdad a los discípulos en el camino de Emaús, el corazón de ellos quedó inflamado y comenzó a arder.[176]

Ningún hombre puede ser un gran predicador sin grandes sentimientos.[177] John Pollock, un biógrafo de George Whitefield, dice que él raramente predicaba un sermón sin lágrimas en los ojos.[178] De la misma forma, Moody raramente hablaba a un alma perdida sin lágrimas en los ojos.[179] El predicador debe ser un hombre de corazón quebrantado, predicando a hombres que tienen un corazón quebrantado. Richard Baxter entendió la

[174] STOTT, John. *Between Two Words – The Art of Preaching in the Twentieth Century*, p. 285.
[175] MONTOYA, Alex. *Preaching with Passion*, p. 22.
[176] Lucas 24:32.
[177] ALEXANDER, James W. *Thoughts on Preaching*. London, Great Britain: The Banner of Truth Trust, 1975, p. 20.
[178] POLLOCK, John C. *George Whitefield and the Great Awakening*. London: Hodder & Stoughton, 1973, p. 263.
[179] STOTT, John. *Between Two Words – The Art of Preaching in the Twentieth Century*, p. 276.

predicación como una tarea apasionante y urgente. Decía él: "Yo predico como si jamás fuera a predicar nuevamente; yo predico como si estuviera muriendo, a hombres que están muriendo".[180] Es imposible predicar efectiva y eficazmente la Palabra de Dios sin pasión. "Predicación sin pasión no es predicación".[181]

Un predicador, en cierta ocasión, le preguntó a Macready Garrick, un gran actor inglés, cómo podía él atraer grandes multitudes para ver una ficción, mientras que él mismo estaba predicando la verdad y no juntaba grandes multitudes para oírlo. El actor respondió: "Esto es simple. Y puedo mostrar la diferencia que existe entre nosotros. Es que yo presento mi ficción como si fuera verdad; y usted presenta su verdad como si fuera ficción".[182]

Como predicadores, necesitamos predicar con profunda convicción y pasión. Debemos creer profundamente en el mensaje que predicamos. Debemos poner nuestro corazón en nuestra predicación. Las personas pueden hasta rechazar nuestra

---

[180] BAXTER, Richard. *Poetical Fragments*. London, Great Britain: Gregg International Publishers, 1971, p. 39-40; STOTT, John. *Between Two Words – The Art of Preaching in the Twentieth Century*, p. 277; LLOYDJONES, Martyn. *Preaching & Preachers*, p. 86.

[181] MURRAY, John. *Collected Works*, vol. 3. Edinburgh, Pennsylvania: The Banner of Truth Trust, 1982, p. 72.

[182] MORGAN George Campbell. *Preaching*. Grand Rapids, Michigan: Baker Book House, 1974, p. 36; STOTT, John. *Between Two Words – The Art of Preaching in the Twentieth Century*, p. 284.

predicación, pero jamás dudarán de nuestra sinceridad. John Stott comenta el siguiente suceso:

> David Hume era un filósofo británico, del siglo 18, que rechazó el cristianismo histórico. Cierto día un amigo lo encontró apresurado caminando por las calles de Londres y le preguntó hacia donde iba. Hume respondió que estaba yendo a oír a George Whitefield. "¿Seguramente", su amigo atónito preguntó, "usted no cree en lo que George Whitefield predica, cierto?" "No, yo no creo", respondió Hume, "pero él sí cree".[183]

La predicación apasionada debe ser hecha con el corazón en llamas. No es un ensayo leído a un auditorio desatento. La predicación es una confrontación en nombre del propio Dios Todopoderoso. Debe ser anunciada con un alma en llamas, en la autoridad del Espíritu Santo. A. W. Criswell cita a John Wesley: "Ponga fuego en su sermón, o ponga su sermón en el fuego".[184]

Solamente un predicador revestido con pasión puede ser un poderoso instrumento en las manos de Dios para producir impacto en los corazones. John Stott cita a Chad Wash: "La verdadera función del predicador es incomodar a las personas que están cómodas y acomodar a las que están incómodas".[185] John Milton

---

[183] STOTT, John. *Between Two Words – The Art of Preaching in the Twentieth Century*, p. 270.

[184] CRISWELL, W. A. *Criswell's Guidebook for Pastors*, p. 54.

[185] STOTT, John. *Between Two Words – The Art of Preaching in the Twentieth Century*, p. 314.

dice que "el propósito de la predicación es quebrantar el corazón duro y curar el corazón quebrantado".[186] El predicador debe ser un hijo del trueno y un hijo de consolación, y, en general, ambos en el mismo sermón.[187]

Un predicador sin pasión crea una audiencia sin pasión. La falta de pasión y de vida en los sermones hace dormir al pueblo, en lugar de despertarlo. Montoya ilustra:

> Un predicador mirando a su auditorio durante su predicación observó que un anciano caballero se estaba durmiendo mientras predicaba. Él entonces dijo al joven muchacho que estaba sentado cerca del anciano somnoliento: "Chico, ¿usted podría hacerme la gentileza de despertar a su abuelo que está durmiendo a su lado? El muchacho respondió prontamente: "¿Por qué usted mismo no lo despierta? ¡Fue usted mismo quien lo puso a dormir!"[188]

El mundo carece desesperadamente de predicaciones llenas de vigor y pasión. No hay espacio suficiente en el púlpito para predicadores fríos, sin vida y sin pasión. El púlpito sin poder endurece el corazón de los oyentes. Un predicador sin pasión

---

[186] POLLOCK, John C. *Amazing Grace*. London: Hodder & Stoughton, 1981, p. 155.

[187] DAVIES, Horton. "Expository Preaching: Charles Haddon Spurgeon", en *Foundations* (January): 6:14-25, 1963, p. 13; STOTT, John. *Between Two Words – The Art of Preaching in the Twentieth Century*, p. 315.

[188] MONTOYA, Alex. *Preaching with passion*, p.13.

es una contradicción de términos. El predicador sin el calor del Espíritu debería retirarse al silencio hasta que las llamas vuelvan a arder en su corazón. Cuando le preguntaron a Moody cómo comenzar un avivamiento en la iglesia, él respondió: "Encienda una hoguera en el púlpito". Finalmente, Charles Spurgeon ilustra:

> Un hombre quedó accidentalmente enterrado por una pared que se había derrumbado. Muchos estaban cavando enérgicamente para desenterrarlo. En el lugar, alguien permanecía indiferente, simplemente contemplando el drama, cuando fue informado: "Es tu hermano quien está allá dentro". Esas palabras operaron en él un cambio inmediato; y, en el mismo instante, se puso a trabajar arduamente para rescatarlo. Si es verdad que deseamos salvar a nuestros oyentes de la ira venidera, es necesario que sintamos simpatía, compasión y ansiedad; en una palabra, pasión y amor ardiente. Que Dios nos conceda tales sentimientos.[189]

[189] SPURGEON, Charles Haddon. *Um Ministério Ideal* - Vol. 2. São Paulo: PES, 1990, p. 69.

Capítulo 5

Los atributos del pastor

Pablo fue un pastor por excelencia. El texto de 1 Tesalonicenses 2 nos ofrece un bosquejo de los atributos de Pablo como pastor. Su legado sirve de guía para los pastores aún hoy. A modo de introducción, destaco tres atributos de ese siervo pastor que deben adornar nuestra vida.

Un pastor de almas no busca comodidad, sino conversiones. El apóstol Pablo acababa de enfrentar una prisión ilegal en Filipos. Aunque fue preso y torturado, esa situación, en lugar de desanimarlo, le dio todavía más disposición para viajar a Tesalónica y continuar en el ministerio de la predicación del evangelio. Un verdadero ministro del evangelio busca conversiones, en lugar de comodidad y conveniencia. En lugar de ganarse la vida por medio del evangelio, él estaba listo a dar su vida por el evangelio.

Un pastor de almas no busca ganancia, más bien trabaja. Pablo no fue a Tesalónica para obtener algo de los tesalonicenses, sino para legarles algo a ellos. Pablo no fue a la capital de la provincia de Macedonia para recibir, sino para dar. Él no fue a ganar dinero, sino a ganar almas. Su motivación no era el lucro sino la salvación de las personas.

Pablo se dispuso a renunciar a derechos legítimos y a trabajar con las propias manos para su sustento a fin de mantener el privilegio de predicar el evangelio.[190] El ministerio no es una plataforma de lucro, sino un campo de servicio. Es lamentable que algunos obreros estén transformando el evangelio en una fuente de ganancia. El mayor pionero del cristianismo, el mayor plantador de iglesias de la historia, el mayor teólogo y evangelista de la iglesia primitiva, el apóstol Pablo, terminó su vida pobre, solo y sentenciado a muerte. Sin embargo, ningún rey, aristócrata, pensador o filósofo es más conocido en la historia que ese viejo apóstol.

Un pastor de almas no busca el aplauso de los hombres, sino la aprobación de Dios. Pablo era un pastor, y no un adulador. Él no predicaba para agradar a los hombres, sino para ser aprobado por Dios. Él no buscaba aplausos y reconocimientos humanos, más bien luchaba para ser irreprensible delante de Dios.

Un adulador se empeña en hacer el mensaje agradable y suavizado para agradar a las personas. Busca su gloria personal, y no la gloria de Dios. Está más interesado en promover su nombre que en exaltar el nombre de Cristo. Está más interesado en arrancar los aplausos de los hombres que en ser aprobado por

---

[190] 1 Tesalonicenses 2:7

Dios. Está más interesado en ser amado en la tierra que en ser conocido en el cielo.

Como dijimos, el segundo capítulo de la Primera Carta a los Tesalonicenses es una defensa de Pablo a los varios ataques impugnados por sus enemigos a su persona, a su mensaje, a sus propósitos y a sus métodos. William Hendriksen dice que Pablo se defendió porque sabía que, si los enemigos fueran exitosos en levantar desconfianza en relación a la persona del mensajero, el mensaje habría sufrido una muerte natural.[191]

Analicemos el texto de 1 Tesalonicenses 2:1-2 y veamos los atributos de un pastor de almas.

Un evangelista fructífero (1 Ts 2:1-3)

Pablo fue un evangelista de cualidades superlativas. Fue un predicador ungido y un fructífero ganador de almas. Tres características despuntan en él como un predicador evangelista:

Primero, *Pablo fue un ganador de almas prolífico* (1 Ts 2:1). Pablo tenía un ministerio fructífero. Él no era un obrero vacío y estéril, sino un gran ganador de almas. Pablo fue el mayor teólogo del cristianismo y también el mayor evangelista. Fue un misionero plantador de iglesias y también un celoso y dedicado pastor. Michael Green afirma que hoy, infelizmente, los teólogos no quieren ser evangelistas, y los evangelistas no quieren ser teólogos.

---

[191] HENDRIKSEN, William. *1 e 2 Tessalonicenses*. São Paulo: Cultura Cristã, 1984, p. 87.

Pablo era un ganador de almas. Por donde pasaba dejaba muchos frutos de su trabajo. Su estadía en Tesalónica no fue infructífera. En apenas tres semanas hay registros de una numerosa multitud siendo salva.[192] No hay otra explicación para ese estupendo resultado sino una intervención poderosa del Espíritu Santo aplicando la Palabra al corazón.

Segundo, *Pablo fue un predicador abnegado* (1 Ts 2:1, 2). Pablo y Silas fueron golpeados y ultrajados en Filipos y, aun así, se dirigieron a Tesalónica y predicaron el evangelio. Muchos podrían haber tomado vacaciones o tomado un tiempo fuera del ministerio después de tan violenta persecución, pero Pablo se dispuso a predicar la Palabra de Dios osadamente en Tesalónica.[193] El ministerio de predicación en Tesalónica ocurrió también en medio de una lucha agónica.

Los críticos de Pablo querían desacreditar su persona, levantando contra él pesadas y frívolas acusaciones. Había quien dijera en Tesalónica que Pablo tenía un prontuario policial, que no era más que un delincuente fugitivo de la justicia, y que, obviamente, no se podía dar crédito a un hombre de esa índole.[194] Sin embargo, así como las tinieblas no pueden prevalecer contra la luz, y la mentira no puede triunfar sobre la verdad, las acusaciones mentirosas de los enemigos no consiguieron destruir la reputación del apóstol.

---

[192] Hechos 17:4.
[193] Hechos 4:13,29,31.
[194] BARCLAY, William. *Filipenses, Colosenses, I y II Tesalonicenses.* Buenos Aires: La Aurora, 1973, p. 196.

Tercero, *Pablo fue un confortador sincero* (1 Ts 2:3). Pablo predicó el evangelio puro, vivió una vida pura y usó métodos puros. Él no quitó nada de la Palabra ni le aumentó cosa alguna. No había contradicción entre lo que salía de sus labios y lo que subía de su corazón.

La palabra "exhortación" usada por Pablo, *paraklasis*, indica una advertencia, teniendo como objetivo el beneficio directo de los oyentes, y que puede ser imperativo o conciliatorio, de acuerdo a las circunstancias. La palabra era usada para animar a soldados antes de la batalla, y se decía que el aliento era necesario para soldados pagos, pero innecesario para los que luchaban por su vida y su país.[195] Warren Wiersbe dice que Pablo enseña aquí tres importantes verdades: El mensaje, el motivo y el método de su ministerio.[196] Veamos esas tres verdades:

El mensaje de su ministerio (1 Ts 2:3a). Pablo predicaba el evangelio puro. La primera cosa que Pablo hace es reafirmar la veracidad de su mensaje, cuando dice: "Porque nuestra exhortación no procedió de error ni de impureza, ni fue por engaño".[197] El mensaje de Pablo no era creado por él, sino recibido de Dios. Seis veces en esta carta menciona el favorable hecho de haber recibido el evangelio de Dios, y no de hombres.

El motivo de su ministerio (1 Ts 2:3b). Pablo vivía una vida pura. Él deja claro el motivo por el cual realizaba su ministerio. Su

---

[195] RIENECKER, Fritz e ROGERS, Cleon. *Chave Linguística do Novo Testamento Grego*. São Paulo: Vida Nova, 1985, p. 436.
[196] WIERSBE, Warren W. *Comentário Bíblico Expositivo* - Vol. 6 Santo André: Geográfica 2006, p. 212,213.
[197] 1Tesalonicenses 2:3.

exhortación no procedía de impureza. Generalmente es reconocido que el pensamiento aquí no se refiere a impureza física o ritual, sino a impureza moral.[198] Algunos acusaban a Pablo de estar haciendo la obra con la motivación incorrecta. Pero sus motivos eran puros delante de Dios y de los hombres. Unos predicaban el mensaje equivocado con motivos equivocados; otros predicaban el mensaje correcto con motivación errada (Fil 1:14-19), pero Pablo predicaba el mensaje correcto con la motivación correcta.

El método de su ministerio (1 Ts 2:3c). Pablo no engañaba a las personas. Él no empleaba métodos deshonestos con el fin de que las personas creyeran su mensaje, dice Howard Marshall.[199] El término griego traducido por "engaño" tiene el sentido de "colocar el cebo en el anzuelo". En otras palabras, Pablo no predicaba a las personas con artimañas prometiendo la salvación, como un vendedor astuto hace para que las personas compren sus productos. La salvación no se da por una argumentación astuta ni por una presentación refinada. Por el contrario, es el resultado de la Palabra de Dios y del poder del Espíritu Santo.[200]

En los días de Pablo, la religión estaba transformándose en un medio de hacer dinero.[201] Pero Pablo da su testimonio de

---

[198] MARSHALL, Howard. *1 e 2 Tessalonicenses*. São Paulo: Vida Nova, 1980, p. 87.

[199] MARSHALL, I. Howard. *1 e 2 Tessalonicenses*, p. 88.

[200] WIERSBE, Warren W. *Comentário Bíblico Expositivo*, p. 213.

[201] 1 Tesalonicenses 2:5.

integridad en el área financiera.[202] Pablo era un obrero que prestaba mucha atención a la transparencia en el asunto del dinero.[203] Él llegó a renunciar a su legítimo derecho de sustento para no comprometer el progreso del evangelio. William Hendriksen dice que el mundo de aquellos días estaba saturado de "filósofos", ilusionistas, hechiceros, charlatanes y pícaros ambulantes. Ellos usaban mucha astucia con el fin de impresionar a los oyentes.[204] Pablo no era un charlatán o embustero como ellos. Pablo jamás usó el mensaje de Dios para encubrir algún tipo de ganancia.

UN MAYORDOMO FIEL (1 Ts 2:4-6)

Destaco dos aspectos fundamentales de Pablo como un mayordomo fiel:

Primero, *Pablo fue un obrero aprobado delante de Dios* (1 Ts 2:4). Pablo fue aprobado por Dios, por eso Dios le confió el evangelio. El verbo aquí está en el aspecto continuo que sugiere que el escrutinio de Dios no es, por así decirlo, un examen único, de una vez para siempre, para sus siervos; es, más bien, un proceso continuamente operativo de aquello que hoy en día pudiera ser llamado "control de calidad".[205]

La palabra griega *dedokimasmetha*, usada por Pablo para "aprobado", era usada en el griego clásico con el sentido técnico

---

[202] 1 Tesalonicenses 2:9; 2 Tesalonicenses 3:8-10.
[203] 1Corintios 9:1-18.
[204] HENDRIKSEN, William. *1 e 2 Tessalonicenses*, p. 91.
[205] MARSHALL, Howard. *1 e 2 Tessalonicenses*, p. 88.

de describir a la persona aprobada como alguien susceptible de elección para un cargo público.[206] Pablo tenía no sólo la revelación, sino también la aprobación. Él tenía el contenido glorioso del evangelio de Dios y una vida recta delante de Dios. Su predicación estaba respaldada por su vida. Su ministerio fue plantado en el suelo fértil de una vida piadosa. La vida con Dios precede el ministerio para Dios. La vida es la base del ministerio y precede al ministerio, la mayor prioridad del obrero no es hacer la obra de Dios, sino tener comunión con el Dios de la obra.[207] La vida con Dios es la base del trabajo para Dios. De hecho, Dios está más interesado en nosotros que en lo que nosotros hacemos.

Pablo predicaba para agradar a Dios y no a los hombres. No predicaba lo que el pueblo quería oír, sino lo que el pueblo necesitaba oír. No predicaba para entretener a las cabras, sino para alimentar a las ovejas. La predicación de la verdad no es popular, pero es vital para la salvación.

Segundo, *Pablo fue un obrero irreprensible delante de los hombres* (1 Ts 2:5, 6). El apóstol Pablo menciona tres factores de su irrreprensibilidad delante de los hombres:

Él no era un adulador (1 Ts 2:5a). La palabra usada por Pablo para "lisonjera" es *kalakeia*, que describe la adulación que siempre pretende ganar algo, la lisonja por motivos de lucro.[208] Fritz

---

[206] RIENECKER, Fritz e ROGERS, Cleon. *Chave Linguística do Novo Testamento Grego*, p. 436.

[207] Marcos 3:14.

[208] BARCLAY, William. *Filipenses, Colosenses, I y II Tesalonicenses*, p. 197.

Rienecker, en esa misma línea de pensamiento, afirma que esa palabra griega contiene la idea de engañar con fines egoístas. No es solamente aquella charlatanería para producir placer a otras personas, sino con el fin de obtener ganancia. Es el engaño mediante la elocuencia, para ganar el corazón de las personas con el propósito de explotarlas.[209]

El adulador es aquel que habla una cosa y siente otra. Él tiene la voz suave como la mantequilla, y el corazón duro como una piedra. Tiene palabras acarameladas y motivación hiriente como una espada.[210] Había plena sintonía entre lo que Pablo hablaba y lo que él sentía. Pablo da su testimonio delante de todos: "como... sabéis".[211] Y también da su testimonio delante de Dios: "Dios es testigo".[212]

Él no era un mercenario (1 Ts 2:5b). La palabra griega *pleonexia*, traducida por "ganancia", indica la codicia de todos los tipos, y, por lo tanto, el deseo de despojar a otras personas de aquello que les pertenece.[213]

Pablo no predicaba para arrancar el dinero del bolsillo de las personas, sino para arrancarles del pecho el corazón de piedra, para que recibieran un corazón de carne. Pablo no buscaba lucro, sino salvación. Su recompensa no era dinero, sino vidas salvadas. Los motivos de Pablo en hacer la obra de Dios eran puros. Él no hacía

[209] RIENECKER, Fritz e ROGERS, Cleon. *Chave Linguística do Novo Testamento Grego*, p. 436.
[210] Marcos 7:6.
[211] 1 Tesalonicenses 1:5; 2:1,5,11;3:3,4;4:2;5:2.
[212] 1 Tesalonicenses 2:5.
[213] MARSHALL, Howard. *1 e 2 Tessalonicenses*, p. 90.

del ministerio una plataforma para enriquecerse. Él no estaba detrás del dinero de las personas, sino que ansiaba su salvación.

Él no era un megalomaniaco (1 Ts 2:6). Pablo no predicaba para alcanzar gloria y prestigio humano. No andaba detrás de lisonjas humanas. No buscaba prestigio personal ni gloria de hombres. No dependía de ese reprobable expediente. Él sabía quién era y lo que debía hacer. No necesitaba adular ni recibir adulación. Su realización personal no procedía de la opinión de las personas, sino de la aprobación de Dios. Es digno de notar que, en 1 Tesalonicenses 1:5, Pablo no haya dicho: "Yo llegué hasta vosotros", sino: "Nuestro evangelio llegó hasta vosotros". El enfoque no estaba en el hombre, sino en el evangelio.[214] El culto a la personalidad es un pecado. Toda la gloria que no es dada a Dios es vanagloria, es gloria vacía.

UNA MADRE CARIÑOSA (1 Ts 2:7, 8)

Cuatro verdades sublimes son destacadas aquí:

Primero, *como una madre, Pablo renunció a sus derechos* (1 Ts 2:7). La palabra griega usada por Pablo para "nodriza" es *trófos*, alguien que alimenta, nana, niñera, enfermera. Una nana en el mundo antiguo no tenía solamente estipulaciones contractuales escritas, sino que frecuentemente llegaba a ser una persona de entera confianza, cuya influencia era duradera.[215] Estoy de acuerdo, sin embargo, con William Hendriksen, cuando escribe:

---

[214] BARCLAY, William. *Filipenses, Colosenses, I y II Tesalonicenses*, p. 198.
[215] RIENECKER, Fritz e ROGERS, Cleon. *Chave Linguística do Novo Testamento Grego*, p. 437.

Con toda probabilidad, el sentido no es "como cuando una nodriza cuida de los hijos de su señora", o sea, los hijos fueron puestos bajo el cuidado de esa nodriza (ama de leche); sino "como cuando una nodriza es la madre que calienta, acaricia, arrulla a los hijos de su propio vientre" (ya que ella misma los dio a luz).[216]

Una madre es aquella que cuando tiene sólo un pan para repartir le dice al hijo que no tiene hambre. Una madre se dispone a renunciar a sus derechos a favor de los hijos. De manera semejante, Pablo tenía el derecho de exigir de los tesalonicenses su sustento[217] pero, él, de forma voluntaria y abnegada, cedió sus derechos para suplir las necesidades de los tesalonicenses como una nana cariñosa que acaricia a sus propios hijos. Pablo no era un mercenario, sino un pastor. Él no se apacentaba a sí mismo, sino al rebaño de Dios. Él ponía la necesidad de los otros por encima de sus propias necesidades.

Segundo, *como una madre, Pablo cuidó de sus hijos espirituales con ternura* (1 Ts 2:7). Pablo trató a los creyentes de Tesalónica cariñosamente como una nana que acaricia a sus hijos. El énfasis del mayordomo es la fidelidad. El énfasis de la nodriza es la gentileza y la ternura. Como apóstol, él tenía autoridad, pero siem-

---

216 HENDRIKSEN, William. *1 e 2 Tessalonicenses*, p. 94.
217 Tito 1:11; 1Corintios 6:15; Hechos 20:33; 1 Corintios 11:8; Filipenses 4:15,16; 1 Tesalonicenses 2:7-9; Hechos 18:13; 2 Corintios 11:7; 2 Tesalonicenses 3.8,10.

pre la ejerció con amor.[218] Pablo era como una madre afectuosa cuidando de un bebé. Él demostró por sus hijos en la fe amor intenso, cuidado constante, dedicación sin reservas, paciencia triunfante, provisión diaria, afecto explícito, protección vigilante y disciplina amorosa.

Muchos obreros lideran el pueblo de Dios con violencia y rigor despótico. Son dictadores implacables, y no pastores amorosos. Aplastan a las ovejas con su autoridad autoimpuesta, en lugar de conducir al rebaño con la ternura de una madre.

Tercero, *como una madre, Pablo cuidó de sus hijos espirituales con sacrificio cabal* (1 Ts 2:8). Pablo estaba dispuesto a dar su propia vida por los creyentes de Tesalónica. El pastor verdadero, aquel que imita al supremo pastor, da su vida por sus ovejas.[219] Él no vive para explotarlas sino para servirles. Su ministerio es el de dar y no de explotar. Su sacrificio es cabal como una madre está dispuesta a dar su propia vida para proteger al hijo. Su amor es sacrificial. Ese hecho fue el que permitió al rey Salomón descubrir cuál mujer era la madre verdadera del niño sobreviviente.[220]

La madre que amamanta ofrece parte de su propia vida al hijo. La madre que amamanta no puede entregar su hijo a los cuidados de otra persona. El bebé debe estar en sus brazos, cerca de su corazón. La madre que amamanta ingiere los alimentos y los transforma en leche para el hijo. El cristiano maduro se

---

[218] WIERSBE, Warren W. *Comentário Bíblico Expositivo*, p. 213,214.
[219] Juan 10:11.
[220] 1 Reyes 3:16-28.

alimenta de la Palabra de Dios y comparte ese alimento con los cristianos más nuevos, para que puedan crecer.[221] Un niño que todavía mama, puede quedar enfermo por causa de algo que la madre ingirió. El cristiano que está nutriendo a otros debe tener cuidado para que él mismo no se alimente de cosas incorrectas.[222]

Cuarto, *como una madre, Pablo cuidó de sus hijos espirituales con la mejor provisión* (1 Ts 2:8b). Pablo se sacrificó para ofrecer a los creyentes el evangelio de Dios. Él no predicó en Tesalónica vanas filosofías sino que expuso las Escrituras. No predicó apoyado en sabiduría humana, sino en el poder del Espíritu Santo. Su predicación no era una lisonja para hacer cosquillas en los oídos, ni un instrumento para masajear el ego de los líderes de la sinagoga. Él predicó el evangelio de Dios. Ofreció al pueblo el pan nutritivo de la verdad. Los púlpitos están pobres de la Palabra. La iglesia está hambrienta de la Palabra. La iglesia necesita desesperadamente volverse hacia la predicación fiel de la Palabra. Si los pastores no dan el pan a su rebaño, las ovejas estarán flacas y vulnerables a las falsas doctrinas que invaden el mercado de la fe.

UN PADRE EJEMPLAR (1 Ts 2:9-12)

Un verdadero padre no es simplemente quien engendra hijos, es también el que cuida de ellos. Destacamos algunos puntos en el ministerio de Pablo como padre espiritual de los tesalonicenses.

---

[221] 1 Pedro 2:1-3.
[222] WIERSBE, Warren W. *Comentário Bíblico Expositivo*, p. 214.

Cuatro aspectos definen el ministerio paternal ejercido por Pablo:

Primero, *un trabajo memorable* (1 Ts 2:9). Aunque la iglesia de Filipos, en dos ocasiones, envió dinero para ayudar a Pablo en Tesalónica[223] y aunque era su derecho exigir sustento de la iglesia, [224] él decidió trabajar para sustentarse.[225] El padre trabaja para sustentar a la familia. Nadie podía acusarlo responsablemente de ganancia financiera.[226] Aun teniendo el derecho legítimo de exigir sustento, no dependía de éste para hacer la obra de Dios. Pablo no estaba en el ministerio por causa del salario. Su motivación nunca fue el dinero, sino la gloria de Dios, la salvación de los perdidos y la edificación de la iglesia.

Segundo, *un procedimiento intachable* (1 Ts 2:10). Pablo evoca el testimonio de Dios y de la iglesia acerca de su procedimiento en medio de los tesalonicenses. Él tenía una relación correcta con Dios, consigo y con la iglesia. Howard Marshall dice que los tres adjetivos (que representan adverbios griegos) tienen significados cercanos entre sí y están puestos juntos con el propósito de dar énfasis.[227] Veamos estos tres adjetivos:

Pablo vivió de forma piadosa (1 Ts 2:10). El término griego *hosios*, "piamente", "santamente" describe el deber de la persona

---

[223] Filipenses 4:15,16.
[224] 1 Tesalonicenses 2:7.
[225] 2 Tesalonicenses 3:6-12.
[226] Hechos 20:33; 2Coríntios 12:14.
[227] MARSHALL, Howard. *1 e 2 Tesalonicenses*, p. 97.

para con Dios.[228] Habla de la correcta relación de Pablo con Dios. La piedad tiene que ver con una vida de santidad, pureza y fidelidad a Dios. La piedad trata de la verticalidad de la vida.

Pablo vivió de forma justa (1 Ts 2:10). El término griego *dikaios* indica el deber para con los hombres.[229] También habla de una relación correcta consigo mismo. Pablo era un hombre íntegro, entero y sin doble faz. No había brechas en el escudo de su fe. No había áreas oscuras en su carácter. Él podía vivir en paz con su propia consciencia.

Pablo vivió de forma irreprensible (1 Ts 2:10). La palabra griega, *amemptos*, usada para describir el adverbio "irreprensiblemente", tiene que ver con el reflejo público de la vida. Habla de una relación correcta con los otros. Sus enemigos podían odiarlo, acusarlo y hasta lanzar contra él fuertes y frívolas acusaciones, pero no podían encontrar nada que lo avergonzara. Pablo era un obrero irreprensible.

Tercero, *palabras de ánimo* (1 Ts 2:11, 12). Un padre no sólo debe sustentar a su familia con su trabajo y enseñarle con su ejemplo, también debe tener tiempo para conversar con los miembros de la familia, dice Warren Wiersbe.[230] Pablo sabía la importancia de enseñar a los nuevos creyentes. Cuatro verdades nos llaman la atención en este punto:

---

[228] RIENECKER, Fritz e ROGERS, Cleon. *Chave Linguística do Novo Testamento Grego*, p. 438.

[229] RIENECKER, Fritz e ROGERS, Cleon. *Chave Linguística do Novo Testamento Grego*, 438.

[230] WIERSBE, Warren W. *Comentário Bíblico Expositivo*, p. 215.

Pablo enseñaba a cada hijo espiritual individualmente (1 Ts 2:11). Pablo no era un predicador estrella que únicamente le gustaba el *glamour* de la multitud. Él gastaba tiempo cuidando a cada persona. Pablo no era un *showman*, un actor, una estrella que sube en el palco bajo las luces del teatro para entretener a una multitud. Era un padre para quien cada hijo tenía un valor singular y por quien estaba listo a dar su propia vida.

Pablo exhortaba a cada hijo en la fe (1 Ts 2:12a). La palabra "exhortar" tiene la idea de estar al lado para animar. Un padre responsable equilibra disciplina y ánimo. Usa la vara pero también ministra amor. Tiene firmeza y dulzura. Hace de los hijos sus verdaderos discípulos.

Pablo consolaba a cada hijo en la fe (1 Ts 2:12b). Esta palabra está ligada a la acción. Pablo no sólo los hacía sentirse mejor, también los animaba a hacer cosas mejores.

Pablo amonestaba a cada hijo en la fe (1 Ts 2:12c). La palabra "amonestar" viene del término griego *nouthesia*, que significa confrontar. El papel de un padre no es, todo el tiempo, agradar a los hijos, sino prepararlos para la vida. James Hunter, en su libro *El monje y el ejecutivo*, dice que un padre necesita distinguir entre deseo y necesidad. El papel del padre no es atender a todos los deseos de los hijos, sino suplir sus necesidades. Un padre responsable confronta a sus hijos, aunque ese trabajo traiga lágrimas.

Cuarto, *propósito sublime* (1 Ts 2:12d). El propósito de Pablo al enseñar a sus hijos en la fe era que ellos vivieran de un modo digno de Dios. El término "digno" usado por Pablo tiene la idea de una balanza, en la cual nuestra vida debe equilibrarse con la vida de Cristo. El objetivo de Pablo era llevar a los creyentes a la madurez espiritual. Los tesalonicenses debían alcanzar la plenitud de la estatura de Cristo.

UN OBRERO AMOROSO (1 Ts 2:13-20)

El pastorado es una mezcla de alegría y lágrimas, de conquistas y sufrimientos. El pastor participa de las victorias y pérdidas del rebaño. Celebra el nacimiento y llora con el luto. Va de una fiesta de nupcias al amargo momento de un velorio en un mismo día.

Warren Wiersbe habla acerca de tres recursos divinos que tenemos en nuestros tiempos de sufrimiento y persecución: la Palabra de Dios dentro de nosotros, el pueblo de Dios alrededor nuestro y la gloria de Dios delante de nosotros.[231] Vamos a considerar esos recursos.

Primero, *la Palabra de Dios dentro de nosotros* (1 Ts 2:13). De la predicación del mensaje, Pablo se vuelve hacia su recepción y encuentra una razón para dar gracias a Dios por la respuesta positiva de los tesalonicenses.[232] La iglesia de Tesalónica recibió la palabra como Palabra de Dios. Ellos la tuvieron en alta estima. La Palabra llegó a ser de hecho, para ellos, la única regla de fe y práctica. La misma Palabra que los salvó,[233] los capacita para vivir victoriosamente en Cristo, aun en medio de las persecuciones. La iglesia contemporánea necesita rescatar el glorioso significado

---

[231] WIERSBE, Warren W. *Comentário Bíblico Expositivo*, p. 217-221.

[232] MARSHALL, Howard. *1 e 2 Tesalonicenses*, p. 100.

[233] 1 Tesalonicenses 1:6

y valor de la Palabra. No sólo necesitamos conocerla, también obedecerla. Pablo destaca tres hechos importantes:

Ellos apreciaron la Palabra (1 Ts 2:13). Ellos no la recibieron sólo como palabras de hombres, sino, sobre todo, como Palabra de Dios. La Biblia es la Palabra revelada y escrita de Dios, infalible, inerrante y suficiente. Es el mejor de los alimentos[234] y más preciosa que la mejor de las riquezas.[235]

Ellos se apropiaron de la Palabra (1 Ts 2:13). La palabra "recibisteis" usada por Pablo significa más que oír. Significa oír con el corazón e interiorizar la Palabra. Es oír y tomar en serio. En este tiempo en que muchas iglesias sustituyen la predicación por el entretenimiento, necesitamos tener cuidado.[236] No hay esperanza para la iglesia fuera de la Palabra. No hay vida abundante para la iglesia sin la Palabra. No necesitamos buscar las novedades del mercado de la fe, sino buscar los finos manjares de la mesa de Dios. La Biblia es un banquete con alimento rico, nutritivo y variado. En ella tenemos todo aquello que necesitamos para crecer en la gracia y en el conocimiento de Cristo.

Ellos aplicaron la Palabra (1 Ts 2:13). La Palabra de Dios estaba operando eficazmente en los creyentes. Hubo aplicación de la Palabra y la Palabra aplicada generó cambio y transformación en la vida. La Palabra de Dios en nosotros es una gran fuente de poder en los tiempos de prueba.

---

[234] Salmo 19:10
[235] Salmo 119:14,72,127,162
[236] 2 Timoteo 4:2,3

Segundo, *el pueblo de Dios alrededor nuestro* (1 Ts 2:14-16). La prueba de que los tesalonicenses habían recibido verdaderamente la Palabra podía ser vista en su disposición de pasar por aflicciones en pro de su fe, respuesta esa que los puso lado a lado con otros cristianos y, de hecho, con el propio Jesús, dice Howard Marshall.[237]

Cuando estamos pasando por una tribulación, somos llevados a pensar que estamos solos y que nuestro sufrimiento es el mayor del mundo. Pero necesitamos levantar nuestros ojos y saber que hay otras personas pasando por los mismos sufrimientos y, así como Dios las sustenta, también nos sustentará a nosotros. Pablo anima a los tesalonicenses en medio de la persecución diciendo que ellos estaban pisando el mismo terreno donde los santos pisaron.

Los creyentes de Tesalónica no sólo imitaron a Pablo y al Señor Jesús, también a los creyentes de Jerusalén. Pablo compara a los creyentes de Tesalónica con los creyentes de Judea porque ambos eran objeto de persecución por parte de los judíos. Pablo anima a los creyentes, diciendo que el sufrimiento de ellos no era una experiencia aislada. Otros ya habían sufrido antes que ellos y aun otros estaban sufriendo como ellos. Sin embargo, así como el sufrimiento no destruyó a la iglesia de Judea, antes la purificó mientras sus perseguidores estaban llenando la medida de sus pecados, Dios también nos librará y derramará sobre los que nos persiguen su justo juicio.

---

[237] MARSHALL, Howard. *1 e 2 Tessalonicenses*, p. 102.

Tercero, *la gloria de Dios delante de nosotros* (1 Ts 2:17-20). La escatología para Pablo nunca fue tema de especulación académica, sino un asunto práctico que lo animaba a vivir en santidad y a trabajar arduamente. En cuanto a su celo pastoral, Pablo destaca aquí tres importantes verdades:

A Pablo le gustaba el olor de oveja (1 Ts 2:17, 18). Pablo estaba ausente de la iglesia sólo físicamente, pero los mantenía en el corazón. Él no tenía prisa de dejarlos, pero ansiaba estar con ellos. Aunque no pudiera haber ningún encuentro cara a cara con sus hijos en la fe, no dejaban de estar bien cerca suyo en sus pensamientos y sentimientos: lejos de la vista, pero no lejos del corazón.[238] Los creyentes eran considerados su corona y alegría.

Pablo veía el pastorado como un campo de batalla espiritual (1 Ts 2:18). Enfrentamos no sólo persecución visible, también resistencia invisible. Satanás está en acción para impedir el avance misionero de la iglesia. La palabra que Pablo usó, *enékoptein*, significa cortar e impedir. Es la palabra técnica que expresa el bloqueo de una calle para frenar la marcha de una expedición.[239] En esa misma línea de pensamiento Fritz Rienecker dice que la palabra era usada originalmente para la obstrucción de una calle a fin de hacerla intransitable y, más tarde, fue usada para indicar una ruptura en las líneas del enemigo, en una metáfora militar. También era usada en el sentido atlético de atajar a alguien durante una

---

[238] MARSHALL, Howard. *1 e 2 Tessalonicenses*, p. 110.
[239] BARCLAY, William. *Filipenses, Colosenses, I y II Tesalonicenses*, p. 200,201.

carrera.[240] Satanás siempre intenta colocar obstáculos en el camino del cristiano. Él resiste a la obra de Dios y a la de los obreros de Dios. Es sugestivo lo que escribe William Hendriksen sobre este punto:

> Satanás impedía que los misioneros llevaran a buen término su regreso a Tesalónica. ¿Exactamente cómo es que Satanás hace esto? ¿Tal vez influenciando la mente de los politarcas de Tesalónica, de modo que hicieran que Jasón perdiera su fianza (Hch 17:9) en caso de que los misioneros volvieran? ¿O trayendo de otra parte un contingente suficiente de dificultades de modo que ni Pablo solo ni todos los tres tuvieran como regresar? Realmente no sabemos. Además, eso no tiene importancia. El hecho, por sí solo, de que Satanás ejerce poderosa influencia en las actividades de los hombres, especialmente cuando ellos se esfuerzan para promover los intereses del reino de Dios, es suficientemente claro a la luz de otros pasajes (Job 2:6-12; Zac 3:1; Dn 10:10-21). No obstante, Dios reina siempre de forma suprema, transformando soberanamente el mal en bien (1 Co 12:7-9). Aun cuando el diablo intenta deshacer el camino, estableciendo mentira, bloqueando así, aparentemente, nuestro avance, el plan secreto de Dios jamás es frustrado. Satanás puede interrumpirnos, impidiéndonos realizar lo que, por un momento, nos parece ser lo mejor; los caminos de Dios, sin embargo, son siempre mejores que los nuestros.[241]

---

[240] RIENECKER, Fritz e ROGERS, Cleon. *Chave Linguística do Novo Testamento Grego*, p. 439.

[241] HENDRIKSEN, William. *1 e 2 Tessalonicenses*, p. 112.

Pablo veía a cada hijo en la fe como una corona que va a recibir de Cristo en su venida (1 Ts 2:19, 20). Pablo no declara solamente su amor público por los creyentes, también se alegra al pensar en el día de Cristo y recordar que cada creyente que él ganó será como la corona de un vencedor.

Necesitamos no sólo esperar la segunda venida de Cristo,[242] sino también ganar otras personas para presentarnos al Señor en su segunda venida.[243] En el griego existen dos términos distintos para describir "corona". Uno, *diadema*, es usado casi exclusivamente para la corona real; el otro, *stefanos*, casi exclusivamente para la corona de un vencedor en alguna lid o competición atlética. Aquí, Pablo usa *stefanos*. Pablo veía a los creyentes de Tesalónica como su corona. La mayor gloria de un creyente no es conquistar riquezas sino ganar almas.[244] La Biblia dice que quien gana almas es sabio.[245]

Después de analizar esa descripción de 1 Tesalonicenses 2:1-20 y observar los atributos de Pablo como pastor, necesitamos examinarnos a nosotros mismos. ¿Podemos poner nuestra fotografía en el marco donde está el retrato de Pablo? ¿Somos imitadores del apóstol como él lo fue de Cristo? ¿Revelamos en nuestro ministerio la postura de una madre amorosa y de un padre celoso? ¿Nos comportamos como mayordomos y como

---

[242] 1 Tesalonicenses 1:10
[243] 1 Tesalonicenses 2:19,20
[244] BARCLAY, William. *Filipenses, Colosenses, I y II Tesalonicenses*, p. 201.
[245] Proverbios 11:30

obreros irreprensibles? ¿Tenemos una consciencia tranquila delante de Dios y de los hombres acerca de la integridad de nuestro ministerio? Mi oración es que Dios nos de pastores según su corazón y que veamos una cosecha de obreros que conozcan la intimidad de Dios, trabajen con fervor y fidelidad y pastoreen la iglesia de Dios como obreros aprobados que no tienen de qué avergonzarse.

Capítulo 6

Los sufrimientos del pastor

El cielo no es aquí. Aquí no pisamos tapetes aterciopelados ni caminos en calles de oro, más bien cruzamos valles de lágrimas. Aquí no recibimos los galardones, bebemos el cáliz del dolor.

Pablo fue la mayor expresión del cristianismo de todos los tiempos. Vivió una vida superlativa. Hombre de oración y ayuno. Predicador fuera de lo común, teólogo incomparable, plantador de iglesias sin paralelo. Vivió cerca del Trono, pero, al mismo tiempo, fue azotado, preso, esposado y degollado. Cayó como mártir en la tierra, se levantó como príncipe en el cielo. Su vida nos enseña mucho. Su ejemplo nos inspira. Aprendemos con él que la gracia de Dios nos capacita para enfrentar victoriosamente los sufrimientos de la lucha pastoral.

Examinemos el texto de 2 Timoteo 4:6-23 y extraigamos algunas lecciones acerca del sufrimiento del pastor.

LA GRACIA DE DIOS NOS CAPACITA PARA ENFRENTAR EL SUFRIMIENTO

Los sufrimientos de la lid pastoral son variados. Hablando acerca de Pablo, Dios dice a Ananías: "Porque yo le mostraré cuánto le es necesario padecer por mi nombre".[246] Pablo fue perseguido en Damasco; rechazado en Jerusalén; olvidado en Tarso; apedreado en Listra; azotado y preso en Éfeso; expulsado de Tesalónica y Berea; llamado hablador en Atenas e impostor en Corinto; duramente atacado en Éfeso; aprisionado en Jerusalén; acusado en Cesarea; víctima de naufragio en el viaje a Roma; picado por una serpiente en Malta; preso y degollado en la capital del imperio. Él le dijo a la iglesia de Galacia: "Yo traigo en mi cuerpo las marcas del Señor Jesús".[247] Habló de luchas por dentro y temores por fuera. Habló de trabajos, prisiones, azotes, peligros de muerte, azotes con varas, apedreamiento, naufragio, hambre, sed, desnudez, preocupación por todas las iglesias.[248]

Nuestro sufrimiento no es señal de que estamos lejos de Dios ni de que estamos fuera de su voluntad. Las personas que caminaron más cerca de Dios fueron aquellas que más sufrieron. Nuestro sufrimiento en esta vida debe ser contrabalanceado con la recompensa de la vida por venir. Pablo dijo: "Pues tengo por cierto que las aflicciones del tiempo presente no son comparables con la gloria venidera que en nosotros ha de manifestarse".[249] Y

---

[246] Hechos 9:16
[247] Gálatas 6.17
[248] 2 Corintios 11:23-28
[249] Romanos 8:18

también: "Porque esta leve tribulación momentánea produce en nosotros un cada vez más excelente y eterno peso de gloria".[250]

No hay pastorado sin lucha. No hay ministerio sin dolor. La carrera es sublime, la vocación es sacrosanta, pero las batallas son reñidas. En el ministerio enfrentamos, a semejanza de Nehemías, el gobernador de Jerusalén, enemigos de fuera y enemigos de dentro, ataques externos y presiones internas.[251] En el pastorado, algunas veces, nos sentimos como David acusado por sus propios aliados.[252] Hay pastores que están con el alma enferma, con las emociones confusas, con los nervios a flor de piel por causa de las enormes presiones enfrentadas en el ámbito del liderazgo de la iglesia. El pastor, en esas horas, necesita tener la gracia de Dios para no desesperarse ni transigir con los valores absolutos de la Palabra de Dios. El pastor no debe sufrir por cosas equivocadas, más bien estar listo para sufrir por el evangelio. Cuando suframos por una causa noble, hagámoslo con alegría, aunque gruesas lágrimas corran por nuestro rostro.[253]

LA GRACIA DE DIOS NOS CAPACITA A VIVIR VICTORIOSAMENTE A PESAR DE LAS ADVERSIDADES

El pastorado no es un parque de diversiones, sino un campo de luchas. No es una sala *VIP*, sino arena de combate. No es

---

[250] 2 Corintios 4:17
[251] Nehemías 4-6
[252] 1 Samuel 30:6
[253] Mateo 5:1-12; 1 Pedro 4:12-16; Santiago 1:2-4

un invernadero espiritual, sino un terreno sembrado de espinos. Pablo enfrentó tiempos difíciles en el pastorado. Veamos:

Primero, *Pablo sufrió el dolor de la soledad* (2 Ti 4:9, 11, 21). Las personas necesitan de Dios, pero también necesitan de las otras personas. Pablo le pidió a Timoteo: 1) Procura venir pronto a verme;[254] 2) Toma contigo a Marcos y tráelo;[255] 3) Apresúrate a venir antes del invierno.[256] El veterano apóstol está en una mazmorra romana y necesita un hombro amigo. Su comunión con Dios no lo hacía un superhombre. Él tenía prisa de estar cara a cara con sus hermanos. Pablo no sublimó su humanidad. La soledad es una de las realidades más dolorosas de la vida pastoral. Hay muchos obreros solitarios en los campos misioneros. Las iglesias les envían sustento, pero los dejan como huérfanos en el campo. Necesitamos pensar no sólo en el estómago del pastor, sino también en su corazón. Él no tiene necesidad sólo de cosas materiales; necesita de relaciones. El pastor es un ser solitario. Él cuida a muchos y, muchas veces, no es cuidado por nadie. Él escucha los gemidos de los otros, pero no siempre encuentra un oído solidario que oiga sus angustias. El pastor necesita amigos que tengan tiempo, preparación, discreción y sensibilidad para ayudarlo en sus necesidades.

Segundo, *Pablo sufrió el dolor del abandono* (2 Ti 4:10). En la hora en la que Pablo más necesitó ayuda fue abandonado y olvidado

---

[254] 2 Timoteo 4:9
[255] 2 Timoteo 4:11
[256] 2 Timoteo 4:21

en la prisión. Caminó solo hacia el Getsemaní de su martirio, ayudado únicamente por la gracia de Dios. Él dice: "Porque Demas me ha desamparado, amando este mundo".[257] En la hora en que estamos sufriendo, necesitamos amigos cerca. El abandono no es una experiencia extraña en la vida del pastor. Muchas veces él invierte en la vida de individuos, y estos lo abandonan en la hora más crítica. Muchas veces, él siembra en campo ajeno, y su cosecha queda frustrada.

Tercero, *Pablo sufrió el dolor de la ingratitud* (2 Ti 4:16). Pablo dice: "En mi primera defensa ninguno estuvo a mi lado, sino que todos me desampararon".[258] Pablo dio su vida por los otros; ahora, que necesita ayuda, nadie se arriesga por él. ¿De qué estaba siendo acusado Pablo? Posiblemente de ateísmo, ya que se rehusaba adorar al emperador como Dios. También los cristianos eran acusados de canibalismo, porque ellos hablaban de comer la carne y de beber la sangre de Cristo cuando celebraban la cena del Señor. Los creyentes eran acusados de inmorales porque celebraban la Fiesta del Ágape, la fiesta del amor. Los creyentes eran acusados de infieles, ya que no aceptaban el culto de un Estado absolutista. Pablo, especialmente, era el líder mundial de esa religión revolucionaria. Pesaban sobre él muchas acusaciones. Él, que pasara todo su ministerio invirtiendo en la vida de las personas, ahora camina solo hacia su juicio.

---

[257] 2 Timoteo 4:10
[258] 2 Timoteo 4:16

Cuarto, *Pablo sufrió el dolor de la persecución* (2 Ti 4:14). Pablo dice: "Alejandro el calderero me ha causado muchos males; el Señor le pague conforme a sus hechos".[259] Pablo sufrió dos prisiones en Roma. La primera de ellas fue provocada por una razón religiosa. Los judíos lo acusaron de pervertir sus costumbres. La envidia superó la razón y de forma demencial ellos se lanzaron contra Pablo para condenarlo. En esta primera prisión, aunque Pablo permaneció esposado a un soldado romano constantemente, estaba en libertad condicional, ya que estuvo preso en una casa alquilada y podía recibir personas y enseñar abiertamente la Palabra. Pablo salió de esa prisión. En este ínterin, un hecho político sacudió las estructuras de Roma. En el año 64 d.C., el emperador Nerón incendió Roma y después acusó a los cristianos de ser los incendiarios. A partir de entonces comenzó una persecución implacable sobre los cristianos en la ciudad imperial. En ese tiempo Pablo fue recapturado. Alejandro, el calderero, posiblemente, fue quien delató a Pablo, terminando en su segunda prisión y consiguiente martirio. Aún hoy, muchos pastores sufren persecución por causa de la intolerancia religiosa, de la opresión política o, incluso, de las vanidades personales.

Quinto, *Pablo sufrió el dolor de la resistencia* (2 Ti 4:15). Pablo nos informa que Alejandro, el calderero, resistió fuertemente a sus palabras.[260] Él era un opositor del ministerio de Pablo. No sólo perseguía al apóstol, también se oponía al evangelio. Alejandro,

---

[259] 2 Timoteo 4:14
[260] 2 Timoteo 4:15

el calderero, atacaba la persona de Pablo y el mensaje de Pablo. Él se puso en contra del mensajero y del mensaje. Los enemigos de Pablo consiguieron aprisionarlo, pero jamás consiguieron ahogar su voz o aprisionar su mensaje. Pablo estaba preso, pero la Palabra de Dios no estaba esposada. El mensajero puede caer en el campo de batalla, pero la causa de Cristo prosigue victoriosa y orgullosa. ¡Es obra santa, nadie la detiene!

Sexto, *Pablo sufrió privaciones* (2 Ti 4:13). Pablo le pidió a Timoteo que le llevara su capa, pues el invierno riguroso estaba llegando.[261] Las prisiones romanas eran frías, insalubres y oscuras. Los prisioneros morían de lepra y de otras enfermedades contagiosas. El invierno se acercaba,[262] y Pablo necesitaba una capa caliente para enfrentarlo. Pablo también necesitaba los libros y los pergaminos. Pablo estaba en la antesala del martirio, pero quería aprender más, quería estudiar más, quería examinar más los libros, los pergaminos, la Palabra de Dios. Pablo necesitaba amigos, ropa y libros. Tenía necesidades físicas, mentales y espirituales. Necesitaba provisión para el alma, la mente y el cuerpo.

LA GRACIA DE DIOS NOS CAPACITA PARA TENER LOS VALORES MÁS EXCELENTES DE LA VIDA

Pablo hizo una evaluación equilibrada del presente, del pasado y del futuro.

---

[261] 2 Timoteo 4.13,21
[262] 2 Timoteo 4:21

Primero, *una evaluación correcta del presente* (2 Ti 4:6). Pablo miró la vida en la perspectiva de Dios. Él dice: Nerón no me va a matar. Yo soy el que voy a ofrecer mi vida como un sacrificio a Jesús. Pablo comparó su vida con un sacrificio y una ofrenda. Pablo miró también hacia la muerte con la perspectiva de Dios. Él dijo: "El tiempo de mi partida ha llegado".[263] La palabra griega *analysis*, "partida", tiene un rico significado: 1) Es la palabra que describe la acción de desatar un animal del yugo. La muerte es descanso del trabajo. La muerte es dejar la carga, la fatiga.[264] 2) Es la palabra que significa dejar sueltos los lazos o las cadenas. La muerte para Pablo era una liberación y un alivio. Él dejaría la oscura prisión romana para entrar en el paraíso. 3) Es la palabra para aflojar las estacas de una tienda. Para Pablo, la muerte es levantar el campamento, cambiar de residencia, ir a la Casa del Padre. 4) Es la palabra para soltar las cuerdas de un barco. Para Pablo, la muerte equivale a navegar las aguas del mar de la vida y llegar al puerto divino, en las playas de la eternidad, donde no hay llanto, ni lloro, ni luto, ni muerte. Morir es estar con Cristo. Morir es vivir con el Señor. Morir es ir a la Casa del Padre.

Segundo, *una evaluación correcta del pasado* (2 Ti 4:7). Muchas personas son como el personaje *Peer Gee* de Ibsen, descrito por John Mackay en su libro *El sentido de la vida*. Invierten toda la vida en aquello que no tiene ningún valor eterno y llegan al final diciendo: "Mi vida fue como una cebolla, sólo cáscara". Pablo hace

---

[263] 2 Timoteo 4:6
[264] Apocalipsis 14:13

tres afirmaciones importantes: 1) *Peleé la buena batalla.* Pablo miró la vida como un combate. Nada de facilidades. Nada de comodidades. Es lucha. Es combate reñido. Lucha contra el mal. Lucha contra las tinieblas. Lucha contra los principados y potestades. Lucha contra el pecado. Lucha por el evangelio. Lucha para salvar vidas de la perdición. 2) *Acabé la carrera.* Él no cargó peso inútil en las espaldas, por eso llegó al final de la carrera. No se distrajo con cosas triviales, por eso rompió la línea de llegada. Corrió de acuerdo con las reglas y, por eso, fue coronado. Pablo dice: "Pero de ninguna cosa hago caso, ni estimo preciosa mi vida para mí mismo, con tal que acabe mi carrera con gozo".[265] Demas comenzó bien, pero desistió a la mitad del camino. Muchos pastores, después de victorias espléndidas, tropiezan, caen y permanecen en el suelo. Hay muchos obreros magullados, heridos, postrados y sin ánimo para continuar la carrera. 3) *Guardé la fe.* Pablo fue un soldado fiel a su Señor hasta el fin. Muchos son como la mujer de Lot: miran hacia atrás. Otros son como los israelitas: añoran a Egipto. Otros son como Demas: aman el presente siglo. ¡Pablo se mantiene firme!

Tercero, *una visión correcta del futuro* (2 Ti 4:8). Dos cosas nos llaman la atención en las palabras de Pablo. 1) Certeza de la recompensa futura. Pablo tenía certeza de la bienaventuranza eterna. Él habla de la corona de justicia. El emperador Nerón puede declararlo culpable y condenarlo a muerte, pero luego vivirá una magnífica revocación del veredicto de Nerón, cuando

---

[265] Hechos 20:24

el Señor, juez recto, lo declare justo. Los mártires murieron cantando por la visión de la gloria. Esteban dijo: "Yo veo el cielo abierto y al Señor de pie".[266] 2) Certeza de la segunda venida de Cristo. Cristo volverá. Y con él está el galardón. Con él está la corona. Nuestra recompensa está en el cielo. Es cierta y segura.

LA GRACIA DE DIOS NOS CAPACITA PARA RECIBIR LA AYUDA DEL CIELO A LA HORA DE LA MUERTE (2 TI 4:17, 18)

Cuatro hechos deben ser destacados:

Primero, Pablo fue *abandonado por los hombres, pero ayudado por Dios* (2 Ti 4:17). Pablo fue víctima de abandono por parte de los hombres, pero fue acogido y ayudado por Dios. Así como Jesús fue ayudado por los ángeles en el Getsemaní cuando los discípulos dormían, Pablo también fue ayudado por Dios en la hora de su dolor más profundo. Dios no nos libra del valle, pero camina con nosotros en el valle.[267] Dios no nos libra del horno, pero nos libra en el horno.[268] Dios no nos libra de la cueva de los leones, pero nos libra en la cueva de los leones.[269] En ocasiones, Dios nos libra de la muerte; otras veces, Dios nos libra a través de la muerte. ¡En cada situación Dios es nuestro refugio!

Segundo, *Dios no nos libra de las pruebas, pero nos da poder y fuerzas para que cumplamos nuestro ministerio aun en las pruebas*

---

[266] Hechos 7:56
[267] Salmo 23:4
[268] Daniel 3:24,25
[269] Daniel 6:16-23

(2 Ti 4:17). Dios recubrió a Pablo de fuerzas para que continuara predicando la Palabra. El vaso es de barro, pero la Palabra es poderosa. Pablo estaba preso, pero la Palabra se esparció por todos los gentiles. La sangre de los mártires abonó el terreno para que la simiente brotara con más vigor. Las luchas y pruebas jamás destruirán al pastor o a la iglesia. Por el contrario, la iglesia llegará a ser más santa, y los pastores, más intrépidos en la Palabra.

Tercero, *si Dios no nos libra de la muerte, él nos libra en la muerte* (2 Ti 4:18). Pablo no fue guardado de la muerte, pero fue librado a través de la muerte. La muerte para él no fue castigo, pérdida o derrota, sino victoria. El aguijón de la muerte ya fue sacado. Morir es ganancia.[270] Morir es precioso.[271] Morir es bienaventuranza.[272] Morir es ir a la Casa del Padre.[273] Morir es entrar en el cielo y estar con Cristo.[274]

Cuarto, *en la hora del balance final, Pablo no expresa un gesto de frustración, sino un tributo de gloria a su Salvador* (2 Ti 4:18b). Pablo fue perseguido, rechazado, olvidado, apedreado, azotado con varas, hecho prisionero, abandonado, condenado a muerte, degollado, pero, en lugar de cerrar la cortina de la vida con pesimismo, amargura, resentimiento, termina levantando al cielo un tributo de alabanza al Señor Jesús. Sus últimas palabras fueron de exaltación a su Señor.

---

[270] Filipenses 1:21
[271] Salmo 116:15
[272] Apocalipsis 14:13
[273] Juan 14:1-3; 2 Corintios 5:8
[274] Filipenses 1:23

Cierto pastor fue a visitar a un creyente en estado terminal. Le preguntó: "Hermano, ¿usted está preparado para morir?" Él respondió: "No, yo estoy preparado para vivir. Estoy preparado para ver a Jesús. Estoy preparado para entrar en la Casa del Padre. Estoy preparado para entrar en el gozo de mi Señor". ¿Cómo ha lidiado usted con el sufrimiento?

Capítulo 7

Los compromisos del pastor

Pablo estaba despidiéndose de los presbíteros de Éfeso. En ese encuentro en Mileto hubo besos, abrazos y lágrimas. En sólo tres años fueron cultivadas relaciones profundas entre Pablo y aquellos líderes. Pablo llama a estos líderes presbíteros (Hch 20:17) y obispos (Hch 20:28) y emplea el verbo "pastorear" para describir su trabajo (Hch 20:28). Así, en la mente de Pablo, *presbítero, obispo* y *pastor* son términos relacionados. No hay jerarquía en la iglesia de Dios. Tanto los líderes como los liderados son siervos de Cristo. En el libro de Hechos 20:17-38, Pablo aborda siete compromisos del pastor. Vamos a considerarlos aquí.

EL COMPROMISO DEL PASTOR CON DIOS (HCH 20:19)

El primer compromiso del pastor no es con la obra de Dios, sino con el Dios de la obra. La relación con Dios precede el trabajo para Dios. El primer llamado del pastor es andar con Dios y, como resultado de ese andar, él debe hacer la obra de Dios.

En Hechos 20:19, Pablo testifica sobre cómo sirvió a Dios con humildad y lágrimas por causa de las celadas de los judíos. Tres hechos deben ser destacados aquí.

Primero, *el pastor está al servicio de Dios, y no de los hombres*. Él sirve a Dios, ministrando a los hombres. Quien sirve a Dios no busca proyección personal. Quien sirve a Dios no anda detrás de aplausos y condecoraciones. Quien sirve a Dios no depende de elogios ni se desanima con las críticas. Quien sirve a Dios no teme amenazas ni se intimida frente a las persecuciones. Quien teme a Dios no teme a los hombres, ni al mundo, ni al mismo diablo. El pastor no puede vender su consciencia, hacer mercadería de su ministerio ni contemporizar con esquemas mundanos o eclesiásticos para obtener ventajas inmediatas. Judas vendió a Jesús por dinero. Demas se cegó por las atracciones del mundo y abandonó las filas de aquellos que andaban en santidad. Muchos obreros, de igual forma, son atraídos por la seducción del poder, del dinero y del placer y pierden la honra, la familia y el ministerio. Necesitamos tener claro en nuestro corazón a quién estamos sirviendo. No servimos a aquellos que alimentan el síndrome de Diótrefes y piensan totalmente ser los dueños de la iglesia. El pastor debe estar al servicio de Dios.

Segundo, *el pastor debe servir a Dios con profundo sentido de humildad.* Muchos se golpean el pecho, arrogantemente, diciendo que son siervos de Dios. Otros, manchados de orgullo, hacen propaganda a su propio trabajo. Otros sirven a Dios, pero les gustan las atenciones. Hay quienes hacen del servicio a Dios un palco donde se presentan como los actores ilustres bajo la luces del teatro. Un siervo no busca gloria para sí mismo. Hacer la obra de Dios sin humildad es construir un monumento para sí mismo. Es levantar otra modalidad de la Torre de Babel.

Tercero, *el pastor no debe esperar facilidades por el hecho de estar sirviendo a Dios*. Quien sirve a Dios con humildad e integridad despierta animosidad y mucha hostilidad en el campamento enemigo. Pablo servía a Dios con lágrimas. La vida ministerial no le fue amena. En lugar de ganar aplausos del mundo, recibió amenazas, azotes y prisiones. Pablo mantuvo su consciencia pura delante de Dios y de los hombres, pero los judíos tramaron celadas contra él. Él vivió en un campo minado. Enfrentó enemigos reales, pero a veces ocultos. No siempre Dios nos libra de los problemas. A veces, él nos ejercita en los desiertos más tórridos y en los valles más profundos y oscuros.

EL COMPROMISO DEL PASTOR CONSIGO MISMO (HCH 20:18, 28A)

El apóstol Pablo, en los versículos 18 y 28a, muestra la necesidad de que el pastor tenga un serio compromiso consigo mismo. Destacaremos algunos puntos.

Primero, *el pastor necesita cuidar de sí mismo antes de cuidar del rebaño de Dios*. La vida del pastor es la vida de su pastorado. Hay muchos obreros cansados de la obra y en la obra, porque procuran cuidar de otros sin cuidar de sí mismos. Antes de pastorear a los otros, debemos pastorearnos a nosotros mismos. Antes de exhortar a los otros, necesitamos exhortarnos a nosotros mismos.

Antes de confrontar los pecados de los otros, debemos confrontar nuestros propios pecados. El pastor no puede ser un hombre inconsistente. Su vida es la base de sustento de su ministerio. El sermón de la vida es el más elocuente sermón predicado por el pastor. El sermón más difícil de ser predicado es aquel que predicamos a nosotros mismos.

Segundo, *el pastor necesita cuidar de sí mismo para no practicar lo que condena.* El ministerio no es una póliza de seguro contra el fracaso espiritual. Hay un gran peligro que el pastor se acostumbre con lo sagrado y pierda de vista la necesidad de temer y temblar frente a la Palabra. Los hijos de Elí cargaban el Arca del Pacto con una vida impura. El Arca no los libró de la tragedia. Hay muchos pastores viviendo en la práctica de pecados y todavía manteniendo la apariencia. Hay muchos pastores que salen de las cloacas de la impureza, pues navegan en el lodazal de páginas web pornográficas para, después, subir al púlpito a exhortar al pueblo a la santidad. Esa actitud hace los pecados del pastor más graves, más hipócritas y más dañinos que los pecados de las demás personas.

Tercero, *el pastor necesita cuidar de sí mismo para no caer en descrédito.* Hay pastores que perdieron el ministerio porque fueron seducidos por los encantos del poder, embriagados por la seducción del dinero, y terminaron cayendo en las telarañas de la tentación sexual. Hay pastores que causaron más males con sus fracasos que beneficios con su trabajo. Si un pastor pierde la credibilidad, pierde también su ministerio. La integridad del pastor es el fundamento sobre el cual él construye su ministerio.

Sin vida íntegra no existe pastorado. Hoy, vemos con tristeza a muchos pastores ávidos de ganancias que trafican con la Palabra y venden su consciencia en el mercado del lucro. Hay obreros que son rigurosos con los creyentes, pero viven de forma licenciosa en su vida personal. Hay pastores que se apacientan a sí mismos y no al rebaño. Aman su propia gloria, en lugar de buscar la honra del Salvador.

EL COMPROMISO DEL PASTOR CON LA PALABRA DE DIOS (HCH 20:20-27)

En los versículos 20 al 27, Pablo trata el compromiso del pastor con la Palabra de Dios. Destacaremos algunos aspectos importantes.

Primero, *el pastor debe anunciar todo el consejo de Dios* (v. 27). El pastor debe predicar sólo la Biblia y toda la Biblia. Él no puede acercarse a las Escrituras con selectividad. Toda la Escritura es inspirada por Dios y útil para la enseñanza y corrección. La única manera para que el pastor cumpla ese desiderátum es predicar la Palabra expositivamente. El pastor no predica sus propias ideas, sino que expone la Palabra. El pastor no hace el mensaje, simplemente lo transmite. El mensaje emana de las Escrituras. Dios no tiene ningún compromiso con la palabra del predicador, sólo con su Palabra.

Segundo, *el pastor debe predicar para la salvación.* El pastor predica arrepentimiento y fe (v. 21). Él lleva a sus oyentes a una decisión. Él es evangelista. Predica para la salvación. Hay muchos pastores que dicen que no tienen el don de evangelista. Se acostumbran con un ministerio burocrático, pasando todo el tiempo en una oficina, detrás de una mesa, navegando muchas veces en las turbias aguas del Internet. Hay pastores que pierden la pasión evangelística y no saben más lo que es sentir los dolores del parto. Necesitamos pastores que prediquen sobre el arrepentimiento y la fe, pastores que anuncien, con el alma en llamas y con lágrimas en los ojos, el mensaje de la salvación que lleva al pecador a la conversión. Pablo le dice a su hijo Timoteo que cumpla cabalmente su ministerio de evangelista.[275] Hay una frase muy conocida en el medio evangélico que dice: "El pastor no engendra a la oveja, la oveja es la que engendra a la oveja". Esa frase es parcialmente verdadera. Es verdad que la oveja engendra a la oveja, pero el pastor también engendra a la oveja. O sea, el pastor también es un ganador de almas; él también es un evangelista.

Tercero, *el pastor debe enseñar con fidelidad la Palabra* (Hch 20.20). Pablo no sólo evangelizaba, él también enseñaba. No sólo engendraba hijos espirituales, también los nutría con el alimento. El pastor es un discipulador. Él debe ejercer tutoría sobre las ovejas de Cristo. El pastor es un maestro. A él le corresponde el privilegio de enseñar las verdades benditas del evangelio al pueblo de Dios. El pastor debe desgastarse en la Palabra.[276] Él necesita explorar las insondables riquezas del evangelio de Cristo. El pastor es un estudioso y un erudito. La palabra del conocimiento debe estar en sus labios para instruir al pueblo. Él necesita ser un

---

[275] 2 Timoteo 4:5
[276] 1 Timoteo 5:17

hombre de alma sedienta de aprender y tener un corazón ardiente para enseñar. Quien cesa de aprender, cesa de enseñar. Quien se alimenta de migajas no puede ofrecer pan nutritivo al pueblo. Muchos pastores ofrecen al pueblo una sopa aguada, en lugar de alimento sólido, pues alimentan al pueblo de la plenitud de su corazón y del vacío de su cabeza. Otros enseñan doctrinas de hombres, tradiciones humanas, en lugar de enseñar la poderosa y eficaz Palabra de Dios.

Cuarto, *el pastor debe enseñar tanto a las multitudes como a los pequeños grupos* (Hch 20:20). Pablo enseñaba de casa en casa y también públicamente. Hay pastores que están locos por el frenesí de la multitud, pero no se entusiasman por hablar en pequeños grupos. Hay predicadores que sólo predican para grandes auditorios. Se sienten demasiado importantes como para predicar en una pequeña congregación o en una reunión de grupo familiar. Estos individuos piensan que son más importantes que el apóstol Pablo. El apóstol predicaba de casa en casa. Jesús predicó sus más espléndidos sermones para una sola persona. Quien no se dispone a predicar a un pequeño grupo no está autorizado para predicar a un gran auditorio. Nuestra motivación no debe estar en las personas, sino en Dios.

EL COMPROMISO DEL PASTOR CON EL MINISTERIO (HCH 20:24)

El apóstol sintetiza su ministerio en tres verdades sublimes. Él dice a los presbíteros de Éfeso: "Pero de ninguna cosa hago caso, ni estimo preciosa mi vida para mí mismo, con tal que acabe mi carrera con gozo, y el ministerio que recibí del Señor Jesús, para dar testimonio del evangelio de la gracia de Dios".[277] Destaquemos esas tres verdades.

Primero, *vocación* (Hch 20:24). Pablo dice que recibió el ministerio del Señor Jesús. Él no se lanzó al ministerio por cuenta propia. Recibió una vocación, llamado y separado para ese trabajo. No se hizo un pastor porque buscaba ventajas personales. No entró a las lides del ministerio buscando seguridad, empleo o lucro financiero. No entró en el ministerio con motivaciones equivocadas. El mismo Señor que le apareció en gloria en el camino de Damasco también lo llamó, lo separó, lo capacitó y lo revistió de poder para ejercer el ministerio. El sentido de la vocación es lo que le da al pastor las fuerzas en las horas difíciles. Es la certeza del llamado divino lo que le da dirección en tiempos tenebrosos. Es la convicción de que el Espíritu Santo es quien nos constituyó obispos sobre el rebaño la que nos da paz para continuar en el trabajo, aun frente a circunstancias adversas.

Segundo, *abnegación* (Hch 2:24). Pablo dice que no considera la vida preciosa para él mismo desde que cumpliera su ministerio. El corazón de Pablo no estaba en las ventajas obtenidas por el ministerio. No estaba en el ministerio codiciando plata u oro. No estaba en una carrera desenfrenada en búsqueda de prestigio o fama. Su propósito no era ser aplaudido o ganar prestigio entre los hombres. En realidad, él estaba dispuesto a trabajar con sus propias manos para ser pastor. Estaba listo para sufrir toda suerte de persecución y privación para pastorear. Estaba dispuesto

---

[277] Hechos 20:24

a estar preso, a sufrir ataques externos y temores internos para pastorear la iglesia de Dios. Estaba dispuesto a dar su propia vida para cumplir cabalmente su ministerio.

Tercero, *pasión* (Hch 20:24). La gran pasión de Pablo era dar testimonio del evangelio de la gracia de Dios. La predicación llenaba de entusiasmo el pecho del viejo apóstol. Él sabía que el evangelio es el poder de Dios para la salvación de todo aquel que cree. Él sabía que la justicia de Dios se revela en el evangelio. Él sabía que el mensaje del evangelio de Cristo es la única puerta abierta por Dios para la salvación del pecador. Pablo se consideraba un mensajero, un embajador, un evangelista, un predicador, un ministro de la reconciliación. Su mente estaba totalmente volcada hacia la predicación. Todo su tiempo estaba dedicado a la predicación. Aun cuando estaba prisionero, entendía que la Palabra no estaba encadenada.

EL COMPROMISO DEL PASTOR CON LA IGLESIA (HCH 20:28-32)

En los versículos 28 a 32, Pablo habla sobre el compromiso del pastor con la iglesia. Queremos destacar algunos puntos.

Primero, *el pastor debe cuidar de todo el rebaño, y no sólo de las ovejas más dóciles* (Hch 20:28). Hay ovejas dóciles e indóciles. Hay ovejas que obedecen la dirección del pastor y ovejas que se rebelan y huyen de debajo del cayado del pastor. Hay ovejas que producen dolor al pastor y aquellas que son el deleite del pastor. Hay un gran peligro de que el pastor únicamente cuide las ovejas amables y deje de lado las otras. La orden divina es que el pastor debe cuidar de todo el rebaño, y no sólo parte de él.

Segundo, *el pastor no es el dueño, sino siervo del rebaño* (Hch 20:28). La iglesia es de Dios, y no del pastor. Jesús es el único dueño de la iglesia. El Señor nunca nos dio un poder para que nos apoderáramos de su iglesia. En la iglesia de Dios no existen jefes, caudillos y dueños. En la iglesia, todos nosotros estamos al mismo nivel, somos siervos. Aquellos que se establecen como dueños de la iglesia y la tratan como una empresa particular, buscando abastecerse de las ovejas, en lugar de servirlas y pastorearlas, están en franca oposición al propósito divino.

Tercero, *el pastor no puede imponerse arbitrariamente como líder del rebaño* (Hch 20:28). El pastor necesita tener plena consciencia que fue el Espíritu Santo quien lo constituyó obispo para pastorear la iglesia. Cualquier actitud de maniobra humana o política tras bambalinas para continuar al frente de una iglesia, es una conspiración contra el plan de Dios. El pastorado no debe ser impuesto. El pastor no puede actuar con truculencia. Él no es un dictador, sino un padre. No es un explotador del rebaño, sino siervo del rebaño. Hay muchos pastores que constriñen a las ovejas y se imponen sobre ellas con rigor despótico.[278] Hay otros que orquestan vergonzosamente para permanecer en el pastorado de la iglesia, haciendo acuerdos y conspiraciones pecaminosas. El pastor no debe aceptar el pastorado de una iglesia ni salir de ella por conveniencia, ventajas financieras o presiones. Él debe saber que, antes que ser pastor del rebaño, es siervo de Cristo.

---

[278] 1 Pedro 5:3

Cuarto, *el pastor necesita comprender el valor de la iglesia a los ojos de Dios* (Hch 20:28). La iglesia es la novia del Cordero, la niña de los ojos de Dios. Él la compró con la sangre de Jesús. Tocar a la iglesia de Dios es herir a la novia del Cordero. Dios tiene celo por su pueblo. Perseguir a la iglesia es perseguir al propio Señor de la iglesia. Quien hiere al cuerpo alcanza también a la cabeza. Los pastores que tratan con rigor desmesurado a las ovejas de Cristo y dispersan el rebaño o dejan de protegerlo de los lobos voraces, están despreciando a la esclava rescatada, la amada del corazón de Dios, ¡la novia de su Hijo bendito!

Quinto, *el pastor debe proteger al rebaño de los ataques externos* (Hch 20:29). Pablo dice que existen lobos afuera buscando una oportunidad para entrar en medio del rebaño para devorar a las ovejas. El pastor debe ser el guardián y protector del rebaño. Como David, necesita declarar la guerra a los osos y leones, protegiendo el rebaño de sus dientes asesinos. Hay muchos falsos maestros con sus perniciosas herejías intentando entrar en la iglesia. ¡El pastor debe estar atento!

Sexto, *el pastor debe proteger el rebaño de los ataques internos* (Hch 20:30). El peligro no viene sólo de afuera, también de adentro. Hay aquellos que se levantan en medio de la iglesia declarando cosas perniciosas y arrastrando tras sí a las ovejas. Hay lobos vestidos con pieles de ovejas dentro de la iglesia. Hay falsos maestros infiltrados que buscan una ocasión para manifestarse y provocar un estrago en el campamento de Dios. El pastor debe ser celoso en la enseñanza, no dando guarida ni oportunidad a los oportunistas que se infiltran en medio de la iglesia para diseminar sus herejías.

El compromiso del pastor con el dinero (Hch 20:33-35)

En los versículos 33 a 35 el apóstol Pablo habla del compromiso del pastor con el dinero. En esta materia hay dos extremos peligrosos. El primero de ellos es el pastor que trabaja motivado por el salario. Hay muchos pastores que aceptan la invitación de una nueva iglesia motivados solamente por un salario mayor. La motivación para salir de esta para aquella iglesia no es el amor a Dios y a las ovejas, sino el apego al dinero. El segundo extremo peligroso es que la iglesia no pague un salario digno al pastor. Hay iglesias que pecan contra el pastor no dándole un sustento digno. El trabajador es digno de su salario. Quien está en el ministerio debe vivir del ministerio. Muchas personas argumentan que Pablo trabajaba y pastoreaba y que ese debería ser el modelo para las iglesias contemporáneas. Pero el texto que estamos considerando no trata específicamente del asunto del salario pastoral. Aquí, Pablo está solamente dando su testimonio. En 1 Corintios 9, Pablo habla sobre el asunto del salario pastoral. Allá él es enfático al mencionar que el pastor debe recibir un salario digno. Si el pastor no debe ser codicioso, por otro lado la iglesia no debe ser avarienta.

El asunto del dinero es un área delicada y también un campo resbaladizo, en el que muchos obreros han caído. El dinero es una bendición, pero el amor al dinero es la raíz de todos los males.[279] El dinero es un buen siervo, pero un pésimo amo. El problema no es poseer el dinero, sino ser poseído por él. El problema no

---

[279] 1 Timoteo 6:10

es tener el dinero, sino que el dinero nos tenga. El problema no es guardar el dinero en el bolsillo, sino atesorarlo en el corazón.

Es imposible servir a Dios y al dinero al mismo tiempo. Si ponemos nuestro corazón en el dinero, acabaremos sacando de nuestro corazón a Dios. El dinero es un dios, es el Mamón. El dinero es el ídolo más adorado en nuestra generación. Por él, muchas personas viven, mueren y matan. Por causa de él, muchos se casan, se divorcian o dejan de casarse. Por amor a él, muchos corrompen, y otros son corrompidos. Hay aquellos que, a semejanza del joven rico, prefieren la riqueza a la salvación de su alma. Muchos obreros, discípulos de Judas Iscariote, venden su consciencia, su ministerio y su Señor por míseras treinta monedas de plata.

Pablo tenía algunas lecciones importantes para enseñarnos:

Primero, *el pastor es alguien que hace la obra no motivado por el dinero* (Hch 20:33). Pablo no fue a Éfeso para codiciar plata u oro de las personas; fue a llevar a ellos las riquezas espirituales. El dinero jamás fue el norte del ministerio de Pablo. Él dice que no codició dinero ni vestidos. Su alegría en el ministerio no era recibir beneficios de la iglesia, sino dar su vida por la iglesia.

Segundo, *el pastor es alguien que se dedica a la obra aun cuando le falte el dinero* (Hch 20:34). Pablo trabajó con sus propias manos para continuar el ministerio. Él no abandonó el ministerio para trabajar en la fabricación de tiendas ni jamás se entusiasmó con la fabricación de tiendas al punto de disminuir su entusiasmo con el ministerio. Cuando las iglesias daban lo que le era debido, Pablo se concentraba integralmente en el ministerio, pero, si las iglesias no pagaban su salario, él continuaba ejerciendo el ministerio, aunque necesitara trabajar para eso.

Tercero, *el pastor es alguien que entiende que más feliz es aquel que da dinero que quien recibe dinero* (Hch 20:35). Pablo cita una expresión de Jesús: "Más bienaventurado es dar que recibir". La visión del pastor no debe ser la de un hombre egoísta y avariento. El pastor debe ser un hombre de corazón generoso, manos dadivosas y bolsillo abierto. Si el pastor no tiene el hábito de ayudar a las personas, no enseñará a su rebaño a ser generoso. Si el pastor no contribuye con su diezmo, su pueblo será infiel. Si el pastor nunca da una ofrenda, sus ovejas no aprenderán a ofrendar. El pastor es el ejemplo del rebaño.

El compromiso del pastor con la afectividad (Hch 20:36-38)

En los versículos 36 a 38, vemos el relato de la despedida de Pablo de los presbíteros de Éfeso en la playa de Mileto. Ellos se abrasaron, se besaron y lloraron en un lugar público. Pablo había pasado tres años en Éfeso, y ese tiempo fue suficiente para que formaran fuertes lazos de amistad. Ahora, ellos demuestran la intensidad de ese afecto en la despedida. Destacamos algunos puntos importantes aquí.

Primero, *nosotros somos seres afectivos* (Hch 20:37). El amor necesita ser expresado y demostrado. Nuestras emociones deben reflejar nuestro amor. Los presbíteros de Éfeso abrazaron y besaron a Pablo en una playa, un lugar público. Ellos no lo negaron, no se camuflaron ni escondieron sus emociones. Los medios empapados de violencia están minando nuestras emociones. Nos estamos quedando secos como un desierto. Ya no logramos llorar ni expresar nuestras emociones. Una señora de la iglesia, después del culto, me dijo entre lágrimas: "Pastor, yo valoro mucho su abrazo en la puerta de la iglesia, porque es el único abrazo que recibo en la semana". Hay momentos en que la mayor necesidad de una persona en la iglesia no es oír el coro, sino recibir un abrazo de un hermano.

Segundo, *nosotros debemos mostrar nuestro afecto por las personas que amamos* (Hch 20:37). Hay muchos pastores que no logran expresar sus sentimientos ni verbalizar su amor por las ovejas. Son como David, que sólo pudo expresar su amor por su hijo Absalón el día en que éste murió. Hay pastores que son como aquellos que sólo mandan flores a una persona en su funeral. Necesitamos aprender a declarar nuestro amor por las personas. Necesitamos aprender a valorar a las personas mientras están con nosotros. Necesitamos demostrar nuestro aprecio por ellas mientras pueden oír nuestra voz. Yo estaba predicando en un congreso de liderazgo y pregunté a los pastores cuál había sido la última vez que ellos habían besado a sus presbíteros. Un pastor levantó la mano en el fondo del auditorio y dijo: "¿Besar? Yo no he besado ni una vez, pero, ganas de morder, ya la he tenido algunas veces".

Tercero, *nosotros debemos entender la fuerza terapéutica de la afectividad* (Hch 20:36-38). El amor es el vínculo perfecto que une a las personas. El amor es un cinturón que mantiene unidas las demás piezas de la virtud cristiana. Una persona no permanece en una iglesia en la cual no tiene amigos. La comunión y la evangelización son temas profundamente conectados. Donde hay unión entre los hermanos, allí es donde Dios ordena su bendición y la vida para siempre.[280] Cierta ocasión, una hermana de la iglesia me llamó por teléfono, informándome que pretendía trasladarse a una iglesia más cercana a su casa. Yo cariñosamente le dije: "El problema es que usted es tan importante para nuestra iglesia que no podemos prescindir de usted". La mujer comenzó a llorar por el teléfono y dijo: "Pastor, de hecho, yo no quería ir a otra iglesia. Eso era lo que necesitaba oír. Muchas gracias", y colgó el teléfono. Las personas están faltas de afectividad, y los pastores deben comprender que el amor expresado y demostrado tiene un gran poder terapéutico.

---

[280] Salmo 133:1-3

Capítulo 8

El salario del pastor

Como afirmamos en el capítulo anterior, hay dos extremos en cuanto al asunto del salario del pastor. El primero de ellos es cuando el pastor actúa como un mercenario y ama más el dinero que a Jesús y sus ovejas. Aquellos que actúan así son pastores de sí mismos. Aman más el lucro que el ministerio. Viven para servirse de las ovejas, y no para servirlas. Son explotadores del rebaño, y no pastores del rebaño. El segundo extremo es la negligencia de las iglesias en pagar un salario digno a sus pastores. Aquellos que trabajan en la Palabra son dignos de doble honor.[281] Existen iglesias que dejan a sus pastores pasando privaciones y piensan que están agradando a Dios con tal mezquindad. El apóstol Pablo trata de forma clara este importante tema del salario pastoral. Acompañemos su enseñanza.

---

[281] 1 Timoteo 5:17

El salario pastoral es una de las grandes manzanas de discordia en la iglesia. Hay pastores y familias de pastores que cargan un peso en el corazón porque perciben que la iglesia no valora su trabajo y, por lo tanto, no les da un salario digno para vivir. Hay iglesias que miran a sus pastores como si fueran explotadores y aprovechados, y les reclaman el salario que les pagan. Hay pastores que no trabajan y quieren el salario, y pastores que trabajan y no reciben un salario digno.

Existen aquellos que piensan que los pastores no debieran recibir salario de la iglesia y que deben hacer como Pablo, trabajar con sus propias manos y, aun así, realizar la obra del ministerio. También existen otros que defienden la tesis que todo pastor debiera tener su propio empleo y, en el tiempo que sobra, dedicarse al ministerio. Un examen detenido de las Escrituras nos revela que el pastorado sólo debe ser de tiempo parcial cuando el obrero no tiene el sustento de la iglesia. El ministerio es una excelente obra[282] que exige el mejor y el más intenso esfuerzo del pastor.

En 1 Corintios capítulo 9 Pablo trae a colación el asunto del salario pastoral. Pablo enseñó sobre su propio derecho de recibir el sustento financiero de la iglesia. El sustento financiero era su derecho y la responsabilidad de la iglesia. Aunque es un principio claro de las Escrituras que el trabajador es digno de su salario, Pablo renunció a ese derecho, por un propósito más elevado.

Pablo presenta dos argumentos en defensa de su política sobre el sustento financiero de aquellos que trabajan en la obra de

---

[282] 1 Timoteo 3:1

Dios: el derecho de recibir sustento de la iglesia (1 Co 9:1-14) y el derecho de rehusar ese mismo sustento (1 Co 9:15-27).[283]

PABLO DEFIENDE SU DERECHO DE RECIBIR SOPORTE FINANCIERO DE LA IGLESIA (9:1-14)

Pablo defendió el derecho del obrero de ser sustentado por la iglesia y el derecho de rehusar el soporte financiero. Primero, él construye la base para decir que es su derecho, que es legal y bíblico recibir el salario de la iglesia. Después, él usó otro argumento, la libertad y el derecho de renunciar a ese sustento por una causa mayor.

Warren Wiersbe dice que, en los versículos 1 al 14, Pablo dio cinco argumentos para probar su derecho de recibir el sustento financiero de la iglesia de Corinto: su apostolado (9:1-6), su experiencia (9:7), la ley del Antiguo Testamento (9:8-12), el sacerdocio levítico (9:13) y la enseñanza de Jesús (9:14).[284] Veámoslos:

Primero, su apostolado (1 Co 9:1-6). El primer argumento que Pablo usó para defender el derecho de recibir el sustento financiero fue su apostolado. Lo que estaba sucediendo es que algunos creyentes de la iglesia de Corinto cuestionaban la autenticidad del apostolado de Pablo. Algunos lo consideraban un impostor. Pablo, a continuación, defiende su apostolado mostrando que él era auténtico, y no espurio. Pablo comienza levantando la siguiente pregunta: ¿Cuál es la prueba de un

---

[283] WIERSBE, Warren W. *Comentário Bíblico Expositivo*, p. 783-788.
[284] WIERSBE, Warren W. *Comentário Bíblico Expositivo*, p. 783,784.

verdadero apóstol? Para ser un apóstol, una persona necesitaba poseer dos credenciales: haber visto a Jesús[285] y realizar señales.[286] Un apóstol era un testigo de la resurrección de Cristo.[287] Pablo tenía esas dos credenciales.[288] Él vio al Jesús resucitado en la calle de Damasco. Él mismo interroga a la iglesia de Corinto: "¿No he visto a Jesús nuestro Señor?" Sí, él vio a Jesús en el camino de Damasco, al Cristo resucitado.[289] Pablo era un testigo de la resurrección de Cristo.

¿Cuál era la segunda credencial de un apóstol? Un ministerio recibido de Cristo y confirmado por señales. ¿La enseñanza de Pablo fue recibida de Cristo? Lo fue. Él testifica ese hecho con claridad.[290] ¿Y sobre las señales? ¿Pablo podía cumplir ese requisito de un verdadero apóstol? ¡Sí! Vea su testimonio: "*Con todo, las señales de apóstol han sido hechas entre vosotros en toda paciencia, por señales, prodigios y milagros*".[291] Pablo tenía todas las credenciales de un verdadero apóstol. Él era un apóstol genuino.

Pablo, además, argumenta que cualquier otra persona podía cuestionar la genuinidad de su apostolado menos los miembros de la iglesia de Corinto. Eso porque la conversión de ellos era una prueba de la eficacia de su ministerio y el sello de su

[285] 1 Corintios 9:1; Hechos 1:21,22
[286] 2 Corintios 9:1,2; 12:12
[287] Hechos 2:32; 3:15; 5:32; 10:39-43
[288] 1 Corintios 15:8; 2 Corintios 12:12
[289] 1 Corintios 15:8
[290] Gálatas 1:11,12
[291] 2 Corintios 12:12

apostolado.[292] Aquellos que estaban cuestionando la legitimidad de su apostolado no deberían cuestionar. ¿Por qué? Por dos razones:

1) "Si para otros no soy apóstol, para vosotros ciertamente lo soy; porque el sello de mi apostolado sois vosotros en el Señor".[293] O sea, aquella iglesia era hija del apóstol Pablo. Él engendró a aquellos hermanos en Cristo Jesús. Pablo dice: "Porque aunque tengáis diez mil ayos en Cristo, no tendréis muchos padres; pues en Cristo Jesús yo os engendré por medio del evangelio".[294]

2) "El sello de mi apostolado sois vosotros en el Señor".[295] ¿Qué es un sello? Algo que da a otro el derecho de posesión. Cuando se marcaba alguna cosa u objeto con el sello, nadie podía violar aquel objeto; era propiedad exclusiva e inalienable del dueño. La iglesia de Corinto tenía pruebas de sobra de la legitimidad del apostolado de Pablo.

Pablo menciona dos derechos esenciales de un apóstol.[296] Primero, el derecho de casarse y llevar consigo una esposa, de ser acompañado de una mujer hermana en el ministerio itinerante, como hicieron los demás apóstoles, los hermanos del Señor y Cefas.[297] El segundo derecho que él tenía como apóstol era el de

---

[292] 1 Corintios 9:1,2
[293] 1 Corintios 9:2
[294] 1 Corintios 4:15
[295] 1 Corintios 9:2
[296] 1 Corintios 9:4-6
[297] 1 Corintios 9:5

no tener que trabajar secularmente mientras estuviera trabajando en la obra del ministerio. Pongamos atención a su argumento: "Contra los que me acusan, esta es mi defensa: ¿Acaso no tenemos derecho de comer y beber?... ¿O sólo yo y Bernabé no tenemos derecho de no trabajar?".[298] Así, un apóstol tenía dos derechos. El derecho de casarse y el derecho de ser sustentado por la iglesia. Pablo, sin embargo, renunció a esos dos derechos. Él ni se casó ni fue sustentado por la iglesia de Corinto, antes trabajó con sus propias manos para su sustento personal. Pero Pablo dejó en claro su derecho: "Si otros participan de este derecho sobre vosotros, ¿cuánto más nosotros? Pero no hemos usado de este derecho, sino que lo soportamos todo, por no poner ningún obstáculo al evangelio de Cristo".[299]

Había obreros que eran sustentados por la iglesia de Corinto, mientras Pablo tuvo que trabajar para su propio sustento. Pablo peleaba por su salario. Él escribió: "Pero yo de nada de esto me he aprovechado, ni tampoco he escrito esto para que se haga así conmigo...".[300] En otras palabras, Pablo está diciendo: "Yo no usé el derecho de ser sustentado ni estoy escribiendo esta carta para que ustedes me sustenten". Para rematar su argumento, Pablo usa una expresión extremadamente fuerte: "... porque prefiero morir, antes que nadie desvanezca esta mi gloria".[301] Pablo no sólo trabajó

---

[298] 1 Corintios 9:3,4,6
[299] 1 Corintios 9:12
[300] 1 Corintios 9:15
[301] 1 Corintios 9:15b

para su sustento en Corinto, también lo hizo en Tesalónica.[302] Así escribió el apóstol: "Porque os acordáis, hermanos, de nuestro trabajo y fatiga; cómo trabajando de noche y de día, para no ser gravosos a ninguno de vosotros, os predicamos el evangelio de Dios".[303] Era su derecho ser sustentado por las iglesias, pero Pablo trabajó también en Éfeso mientras pastoreaba aquella iglesia tres años. Oigamos su testimonio: "Ni plata ni oro ni vestido de nadie he codiciado. Antes vosotros sabéis que para lo que me ha sido necesario a mí y a los que están conmigo, estas manos me han servido".[304]

¡Derechos, derechos, derechos! Pablo tenía muchos derechos, pero no reclamaba esos derechos. Pablo renunció voluntariamente a los derechos que tenía de ser sustentado por la iglesia por una causa mayor. ¿Qué causa mayor era esa? Esa causa está muy claramente delineada en los versículos 12, 19 y 22. Dice el apóstol: "Si otros participan de este derecho sobre vosotros, ¿cuánto más nosotros? Pero no hemos usado de este derecho, sino que lo soportamos todo, por no poner ningún obstáculo al evangelio de Cristo".[305] La palabra "obstáculo" es un hoyo en el suelo, un obstáculo en el camino. Pablo no quería crear impedimentos para el avance del evangelio. A continuación él afirma: "Por lo cual, siendo libre de todos, me he

---

[302] 1 Tesalonicenses 2:9
[303] 1 Tesalonicenses 2:9
[304] Hechos 20:33,34
[305] 1 Corintios 9:12

hecho siervo de todos para ganar a mayor número".[306] Sus objetivos eran claros: no crear obstáculo para el evangelio y ganar el mayor número posible de personas para Cristo. Pablo concluye su argumento diciendo: "Me he hecho débil a los débiles, para ganar a los débiles; a todos me he hecho de todo, para que de todos modos salve a algunos".[307] Su propósito al renunciar a sus derechos, incluyendo el derecho de ser sustentado por la iglesia, era la salvación de los perdidos.

Segundo, *la experiencia humana* (9:7). El segundo argumento que Pablo usa es el siguiente: "¿Quién fue jamás soldado a sus propias expensas? ¿Quién planta viña y no come de su fruto? ¿O quién apacienta el rebaño y no toma de la leche del rebaño?".[308] Pablo usa tres metáforas comunes para describir un ministro cristiano. El ministro es un soldado, un agricultor y un pastor. Y él dice lo siguiente: ¿Qué soldado va a la guerra a sus propias expensas? ¿Cuál agricultor recoge el fruto de la labranza y no tiene el derecho de comer de ese fruto? ¿Cuál es el pastor que cuida del rebaño y no se alimenta de la leche de ese rebaño? Pablo está usando el lenguaje de la experiencia humana en estas tres figuras para decir que él tenía el derecho de recibir el sustento de la iglesia. Él usa también tres figuras para la iglesia. La iglesia es como un ejército, un campo y un rebaño. La lección es clara: el ministro cristiano tiene el derecho de esperar los beneficios de su labor.

---

[306] 1 Corintios 9:19
[307] 1 Corintios 9:22
[308] 1 Corintios 9:7

Si en el ámbito secular esto es verdad, ¡cuánto más en el ámbito espiritual!

Tercero, *la ley del Antiguo Testamento* (9:8-12). El tercer argumento que Pablo usa para reafirmar el derecho de recibir sustento de la iglesia es la ley del Antiguo Testamento. Prestemos atención una vez más a lo que el apóstol escribe:

> ¿Digo esto sólo como hombre? ¿No dice esto también la ley? Porque en la ley de Moisés está escrito: No pondrás bozal al buey que trilla. ¿Tiene Dios cuidado de los bueyes, o lo dice enteramente por nosotros? Pues por nosotros se escribió; porque con esperanza debe arar el que ara, y el que trilla, con esperanza de recibir del fruto. Si nosotros sembramos entre vosotros lo espiritual, ¿es gran cosa si segáremos de vosotros lo material? Si otros participan de este derecho sobre vosotros, ¿cuánto más nosotros? Pero no hemos usado de este derecho, sino que lo soportamos todo, por no poner ningún obstáculo al evangelio de Cristo.[309]

Era muy común usar el buey para trillar el grano. Y Dios proveyó medios en su Palabra para cuidar hasta de los animales. Si el animal debe comer después de trabajar, ¡cuánto más sus obreros! ¡Cómo es Dios de maravilloso! Hasta cuida de los animales. Dios impidió que se atara la boca del buey a la hora que estaba trabajando. Pablo toma ese principio y lo aplica al sustento pastoral. Pablo dice: ¿Será que Dios está preocupado por los bueyes? El

---

[309] 1 Corintios 9:8-12

principio está en la Palabra no por causa de los bueyes, sino por causa de sus siervos. Pablo quiere decir que el obrero que trabaja en la obra de Dios tiene el derecho de ser sustentado por la obra. Corroborando ese argumento, además Pablo escribe: "Los ancianos que gobiernan bien, sean tenidos por dignos de doble honor, mayormente los que trabajan en predicar y enseñar. Pues la Escritura dice: No pondrás bozal al buey que trilla; y: Digno es el obrero de su salario".[310] La lógica del apóstol es la siguiente: "Si nosotros sembramos entre vosotros lo espiritual, ¿es gran cosa si segáremos de vosotros lo material?".[311]

Esto puede ser ilustrado con la experiencia del pueblo judío. Así como los judíos sembraron bendiciones espirituales en la vida de los gentiles, los gentiles, ahora, deberían retribuir a los judíos las bendiciones materiales. Escuchemos una vez más al apóstol Pablo: "Porque Macedonia y Acaya tuvieron a bien hacer una ofrenda para los pobres que hay entre los santos que están en Jerusalén. Pues les pareció bueno, y son deudores a ellos; porque si los gentiles han sido hechos participantes de sus bienes espirituales, deben también ellos ministrarles de los materiales".[312] Ese es el principio que Pablo está trabajando, y él lo repite en la carta a los Gálatas: "El que es enseñado en la palabra, haga partícipe de toda cosa buena al que lo instruye".[313]

---

[310] 1 Timoteo 5:17,18
[311] 1 Corintios 9:11
[312] Romanos 15:26,27
[313] Gálatas 6:6

Pablo recibió apoyo financiero de otras iglesias para poder servir a la iglesia de Corinto.[314] En la propia iglesia de Corinto, otros obreros recibieron apoyo financiero,[315] mientras Pablo renunció a ese derecho para no crear obstáculo al evangelio.[316] El lenguaje que Pablo usó con los creyentes de Corinto fue fuerte: "He despojado a otras iglesias, recibiendo salario para serviros a vosotros. Y cuando estaba entre vosotros y tuve necesidad, a ninguno fui carga, pues lo que me faltaba, lo suplieron los hermanos que vinieron de Macedonia, y en todo me guardé y me guardaré de seros gravoso".[317] Pablo llegó a pasar necesidades mientras pastoreaba a la iglesia de Corinto, pero aun en esas circunstancias adversas no exigió sus derechos. La iglesia de Corinto no fue disculpada por su omisión. Pablo dejó eso bien claro:

> Me he hecho un necio al gloriarme; vosotros me obligasteis a ello, pues yo debía ser alabado por vosotros; porque en nada he sido menos que aquellos grandes apóstoles, aunque nada soy. Con todo, las señales de apóstol han sido hechas entre vosotros en toda paciencia, por señales, prodigios y milagros. Porque ¿en qué habéis sido menos que las otras iglesias, sino en que yo mismo no os he sido carga? ¡Perdonadme este agravio![318]

---

[314] Filipenses 4:15,16; 2 Corintios 11:8,9; 12:11-13
[315] 1 Corintios 9:12
[316] 1 Corintios 9:12; 2 Tesalonicenses 3:6-9
[317] 2 Corintios 11:8,9
[318] 2 Corintios 12:11-13

Cuarto, *la práctica del Antiguo Testamento* (9:13). Pablo cita otro ejemplo para legitimar su derecho de recibir sustento de la iglesia. El argumento ahora está fundamentado en la práctica del Antiguo Testamento. "¿No sabéis que los que trabajan en las cosas sagradas, comen del templo, y que los que sirven al altar, del altar participan?".[319]

Si usted lee atentamente 1 Corintios 9, notará que casi todo está en forma de preguntas. Me imagino a Pablo como un orador en el tribunal, defendiendo su causa. Él hace preguntas retóricas. Él recuerda al sacerdote y al levita, en el Antiguo Testamento, que cuidaba el templo, el ministerio y el altar. Cuando alguien traía la ofrenda, el diezmo y el sacrificio, el levita y el sacerdote recibían para su sustento las primicias de todo aquello que era traído a la casa de Dios. Los sacerdotes y los levitas recibían el sustento financiero de los sacrificios y ofrendas traídos al templo. La reglamentación que gobernaba la parte de ellos en las ofrendas y en los diezmos está en Números 18:8-32; Levítico 6:14-7:36; Levítico 27:6-33. La aplicación hecha por el apóstol Pablo es clara: si los ministros del Antiguo Testamento, que estaban bajo la ley, recibían sustento financiero del pueblo al que ellos ministraban, ¿no deberían los ministros de Dios, en el Nuevo Testamento, bajo la gracia, recibir también apoyo financiero?

Quinto, *la enseñanza de Jesús* (9:14). El último argumento que Pablo usa es probablemente el más fuerte, pues se trata de una palabra del propio Señor Jesús: "Así también ordenó el Señor a

---

[319] 1 Corintios 9:13

los que anuncian el evangelio, que vivan del evangelio".[320] Tal vez Pablo esté citando lo que Jesús mencionó en Mateo 10:10 y Lucas 10.7: "El trabajador es digno de su salario". Pablo dice que ese principio es fundamental y que la iglesia no lo puede ignorar. Ésta no es una orden cualquiera, sino un mandamiento directo del Señor Jesús. Aquel que trabaja en el ministerio debe vivir del ministerio. La orden está revestida de la más alta autoridad, ya que vino de Cristo. De esta manera, Pablo cierra su argumento diciendo que recibir sustento de la iglesia era un derecho legítimo y bíblico que le pertenecía como apóstol.

Aunque el pastor no sea un apóstol, ya que no tenemos más apóstoles hoy, los principios divinos para su sustento son los mismos. El pastor que vive en el ministerio debe vivir del ministerio. Las iglesias que reciben beneficios espirituales de los pastores deben darles sustento financiero.

Pablo defiende su derecho de rehusar el soporte financiero de la iglesia (9:15-27)

Pablo tenía el derecho de recibir soporte financiero de la iglesia, pero, siendo un cristiano maduro, desistió de sus derechos. ¿Cuáles fueron los motivos planteados por Pablo que lo llevaron a renunciar a sus derechos? Warren Wiersbe nombra tres motivos: amor al evangelio (9:15-18), amor a los pecadores (9:19-23) y amor a sí mismo (9:24-27).[321]

---

[320] 1 Corintios 9:14
[321] WIERSBE, Warren W. *Comentário Bíblico Expositivo*, p. 785-788.

Primero, *él rehusó el soporte financiero de la iglesia por amor al evangelio* (9:15-18). El apóstol Pablo construyó su argumento con las siguientes palabras:

> Pero yo de nada de esto me he aprovechado, ni tampoco he escrito esto para que se haga así conmigo; porque prefiero morir, antes que nadie desvanezca esta mi gloria. Pues si anuncio el evangelio, no tengo por qué gloriarme; porque me es impuesta necesidad; y ¡ay de mí si no anunciare el evangelio! Por lo cual, si lo hago de buena voluntad, recompensa tendré; pero si de mala voluntad, la comisión me ha sido encomendada. ¿Cuál, pues, es mi galardón? Que predicando el evangelio, presente gratuitamente el evangelio de Cristo, para no abusar de mi derecho en el evangelio.[322]

Pablo no desea ser un obstáculo para el evangelio.[323] Él no ve el ministerio como una fuente de lucro ni el evangelio como un producto de mercado. Pablo no era un comerciante del evangelio.[324] Él no se servía del evangelio; servía al evangelio. No estaba en el ministerio para complacerse a sí mismo, sino para gastarse a favor de las almas. Pablo no veía a la iglesia como un mostrador de negocio. La iglesia, para el veterano apóstol, no era una empresa familiar. Pablo no era el dueño de la iglesia. Hay líderes,

---

[322] 1 Corintios 9:15-18
[323] 1 Corintios 9:12
[324] 2 Corintios 2:17

hoy, que hacen de la iglesia una empresa particular, en la que el evangelio es un producto; el púlpito, un mostrador; el templo, una plaza de negocios; y los creyentes, consumidores. Hay pastores que toman para sí todo el dinero recaudado en la iglesia para fines personales y llegan a ser grandes empresarios, acumulando fortunas y viviendo en el lujo. Hay muchos predicadores inescrupulosos que se enriquecen a nombre del evangelio. Pablo tenía un comportamiento diferente. Él se rehusó a aceptar dinero de aquellos para quienes ministraba. Quería que el evangelio estuviera libre de cualquier obstáculo para avanzar.

Pablo no escribe esta carta para pedir apoyo financiero a la iglesia.[325] Él llega a decir que prefería morir a tener que hacer eso. La recompensa de Pablo no era financiera. Su alegría era predicar el evangelio. Él dice: "... me es impuesta necesidad; y ¡ay de mí si no anunciare el evangelio!".[326] Es lamentable que haya hoy tantas iglesias que parecen más una empresa financiera que una agencia del reino de Dios; que haya tantos pastores con motivaciones dudosas en el ministerio; que haya tantas personas engañadas, abasteciendo la ganancia insaciable de líderes avarientos e inescrupulosos. Es triste ver que las indulgencias de la Edad Media están resurgiendo con nuevos ropajes dentro de algunas iglesias llamadas evangélicas. La salvación es vendida y comercializada. La religión es usada como un instrumento de explotación de los incautos y para el enriquecimiento de los inescrupulosos.

---

[325] 1 Corintios 9:15
[326] 1 Corintios 9:16

Segundo, *Pablo rehusó el apoyo financiero de la iglesia por amor a los pecadores* (9:19-23). Pablo da su testimonio:

> Por lo cual, siendo libre de todos, me he hecho siervo de todos para ganar a mayor número. Me he hecho a los judíos como judío, para ganar a los judíos; a los que están sujetos a la ley (aunque yo no esté sujeto a la ley) como sujeto a la ley, para ganar a los que están sujetos a la ley; a los que están sin ley, como si yo estuviera sin ley (no estando yo sin ley de Dios, sino bajo la ley de Cristo), para ganar a los que están sin ley. Me he hecho débil a los débiles, para ganar a los débiles; a todos me he hecho de todo, para que de todos modos salve a algunos. Y esto hago por causa del evangelio, para hacerme copartícipe de él.[327]

Pablo no estaba preso de nadie, más bien voluntariamente se hizo esclavo de todos. ¿Con qué propósito? A fin de ganar el mayor número posible de almas. Libre de todos los hombres y sin embargo siervo de todos los hombres.[328] Por Pablo ser libre, él estaba capacitado para servir a los otros y para renunciar a sus propios derechos por amor a ellos.

Muchos críticos juzgan equivocadamente la actitud de Pablo, pensando que él era camaleónico, cambiando sus actitudes y mensaje en cada nueva situación. No es eso lo que Pablo enseña.

---

[327] 1 Corintios 9:19,21-23
[328] 1 Corintios 9:19

Pablo no habla de una vida doble. Lo que él defiende es la maleabilidad, flexibilidad y adaptabilidad metodológica para presentar el evangelio en diferentes contextos. William Barclay, corroborando esta idea, dice que Pablo no estaba adoptando una personalidad hipócrita, de dos caras, siendo una cosa para unos y otra para otros.[329]

Pablo no apoya la idea de ajustar el mensaje para agradar al auditorio. Pablo era un embajador, y no un político populista. Él, sin embargo, enseñaba que necesitamos ser sensibles a la cultura de las personas a quienes predicamos, para que no creemos obstáculos al progreso del evangelio. Hay dos peligros en cuanto a la evangelización: el primero es cambiar el mensaje; el segundo es inmovilizar los métodos. Pablo varió sus métodos para alcanzar los mejores resultados. Cuando él predicaba a los judíos, normalmente comenzaba su sermón con los patriarcas, vinculando las buenas nuevas del evangelio con la historia del pueblo judío. No obstante, cuando predicaba a los gentiles, él tenía otro abordaje. Cuando estaba en el Areópago, hablando a los griegos, él comenzó con el Dios de la creación. Eso es sensibilidad y sabiduría. Él no adulteró el contenido del evangelio, sino que lo presentó de forma adecuada a sus oyentes. El predicador necesita conocer el texto y el contexto. Necesita conocer la Palabra y las personas a quienes predica.

Jesús también adoptó un método flexible en sus abordajes. A Nicodemo, un doctor de la ley, Jesús le dijo: "Tú necesitas

---

[329] BARCLAY, William. *I y II Corintios*, p. 95.

nacer de nuevo". A la mujer samaritana, proscrita de la sociedad, y que se sentía rechazada, Jesús le pide un favor: "Dame de beber". A Zaqueo, un publicano odiado, Jesús le dice: "Yo quiero ir a tu casa hoy". A un paralítico desanimado, Jesús le preguntó: "¿Quieres ser sanado?" Jesús tenía acercamientos diferentes para personas diferentes. Él nunca cambió el mensaje, pero siempre varió los métodos.

El gran propósito de la flexibilidad metodológica de Pablo era la salvación de los judíos, de los gentiles y del mayor número de personas.[330] Un abordaje flexible construye puentes en lugar de levantar muros. La sensibilidad cultural abre el camino para la evangelización eficaz.

Tercero, *Pablo rehusó el apoyo financiero de la iglesia por amor a sí mismo* (9:24-27). Veamos sus palabras:

¿No sabéis que los que corren en el estadio, todos a la verdad corren, pero uno solo se lleva el premio? Corred de tal manera que lo obtengáis. Todo aquel que lucha, de todo se abstiene; ellos, a la verdad, para recibir una corona corruptible, pero nosotros, una incorruptible. Así que, yo de esta manera corro, no como a la ventura; de esta manera peleo, no como quien golpea el aire, sino que golpeo mi cuerpo, y lo pongo en servidumbre, no sea que habiendo sido heraldo para otros, yo mismo venga a ser eliminado.[331]

---

[330] 1 Corintios 9:19-23
[331] 1 Corintios 9:24-27

¿Por qué Pablo usa esta figura? Corinto era una de las ciudades más importantes del mundo antiguo en el área de los deportes. Además de los juegos olímpicos de Atenas, los juegos ístmicos eran los más importantes del planeta en aquella época. Pablo usa, ahora, la figura del atleta. Él se compara con un corredor y un luchador. Pablo dice que el objetivo del atleta es vencer. ¡El ministro es un atleta, cuyo objetivo es vencer!

Pablo enseña cuatro lecciones prácticas para concluir.[332]

1) La vida cristiana es un campo de batalla, y no una colonia de vacaciones. Es una lucha reñida y sin tregua. Usted entra en esa lucha como boxeador, como alguien que trabará una batalla de vida o muerte. La palabra "lucha", en el griego, tiene la idea de agonía. Se trata de una lucha agónica. Un atleta mal entrenado no puede ganar la carrera ni la lucha.

2) La victoria en la lucha exige gran disciplina. Un atleta sin disciplina jamás será un vencedor. ¿Qué es la disciplina? Un atleta, por ejemplo, renuncia a cosas buenas por causa de las cosas mejores. ¿De qué manera? ¡Él tiene que cuidar su dieta! Cuando alguien llega a un atleta con algunas golosinas sabrosas, por amor a su propósito de vencer, ese atleta se dispone a renunciar a esos manjares. Esas cosas pueden ser buenas, pero interfieren en su objetivo mayor. Así, estas cosas llegarían a ser impedimento para el cumplimiento de su objetivo. Entonces, él renuncia a un derecho que tiene, de una cosa buena en sí misma, por algo mejor. Un atleta indisciplinado es descalificado y se hace inadecuado para la lucha.

---

[332] BARCLAY, William. *I y II Corintios*, p. 97,98.

El atleta también debe correr de acuerdo con las normas. No es suficiente vencer; es necesario hacerlo de acuerdo con los principios establecidos. Dios requiere del atleta no sólo desempeño, también fidelidad. Sólo el atleta que corre y lucha según las normas puede tener una victoria legítima y ser coronado.

3) El atleta debe concentrarse en su meta. Un corredor no está mirando hacia atrás o hacia los lados, lanzando besos a los fanáticos que están en las graderías. Él mira el objetivo y corre en la dirección de la meta. Él no puede depender del aplauso del público ni intimidarse con sus abucheos. Él debe fijarse obsesivamente en el objetivo y avanzar con determinación. Pablo dice que nosotros estamos en una pista de carreras y no podemos distraernos por nada. ¿Y cuál es nuestra meta? ¡Glorificar a Dios ganando el máximo de personas para el evangelio! Pablo dice: "Yo hago todo para ganar el máximo de personas para Jesús. Yo renuncio a mis derechos cuando se trata de promover el evangelio".

4) Sólo podemos ganar a otros si nos dominamos a nosotros mismos. Pablo dice: "golpeo mi cuerpo".[333] Pablo trataba su cuerpo con severidad, para no ser descalificado. Pablo no está hablando de perder la salvación, sino de perder el premio; está hablando de la posibilidad de llegar al final de la carrera y no agradar a su Señor.[334] Ahora, si un atleta entrena y corre hasta el agotamiento para recibir una medalla corruptible, cuánto

---

[333] 1 Corintios 9:27
[334] MORRIS, Leon. *1Coríntios: Introdução e Comentário*. São Paulo: Mundo Cristão, 1983, p. 112.

más nosotros debemos ejercitar la disciplina para recibir la corona incorruptible.

Para que alcancemos el objetivo de glorificar a Dios, llevando a los pies de Jesús el mayor número de personas, vale la pena todo esfuerzo y disciplina. Necesitamos sacrificar ganancias inmediatas por recompensas eternas, placeres inmediatos por alegrías eternas.

Finalmente, el apóstol Pablo está diciendo lo siguiente: "Mis hermanos, estoy renunciando a mis derechos por amor a mí mismo. No quiero ser descalificado". Cuán triste es ver a tantas personas descalificadas a la mitad de la carrera, a la mitad del ministerio, por causa de las ganancias.

¿Qué es la libertad cristiana? La libertad cristiana se manifiesta de forma madura cuando usted tiene derechos legítimos, pero, por amor a otros, renuncia a esos derechos. En el diccionario del cristiano, el *otro* viene antes que el *yo*. En la ética cristiana, el amor prevalece sobre el propio conocimiento. Pablo enseña y demuestra; y él demuestra con la propia vida.

Los pastores deben trabajar en el ministerio sin buscar el lucro, y las iglesias deben sustentar a sus pastores con generosidad y alegría. En caso de que las iglesias sean infieles, no pagando dignamente a sus pastores, ellos deben trabajar para su propio sustento, sin perder de vista jamás la obra de Dios. Es legítimo que un pastor asuma un nuevo pastorado cuando tiene la convicción del llamado de Dios a una nueva iglesia, pero es un grave error que un pastor cambie de iglesia motivado sólo por el salario más alto. El lucro no puede ser el norte que gobierna nuestro ministerio. Debemos, finalmente, entender que nuestra verdadera recompensa no es financiera, y esa recompensa no es recibida plenamente aquí. Los siervos fieles un día oirán del Señor de la Iglesia: "Bien, buen siervo y fiel; sobre poco has sido fiel, sobre mucho te pondré".[335]

---

[335] Mateo 25:21